香海文化

生命的擁有

人間萬事 11 生命觀

星雲大師 著

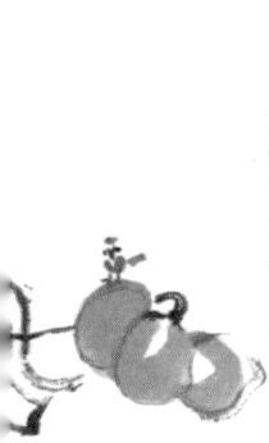

【總序】

生命的萬花筒

星雲

「人間」是我繼「迷悟之間」、「星雲法語」之後，在《人間福報》第三個三年執筆撰寫的頭版專欄。所謂「人間萬事」，顧名思義，舉凡人世間的林林總總，包括人情、人性、人心的善惡、好壞之探討，家庭、社會、世間的問題、現象之分析，宇宙、人生、生命的真理、奧妙之窮究……等。

新的一年，「人間萬事」也要結集出版了。香海文化執行長蔡孟樺小姐將這些文章收錄編輯，發現全套書如同「生命的萬花筒」，可用來解讀人生，透見生命的密碼，所以分別以：人我觀、價值觀、人生觀、生活觀、道德觀、社會觀、倫理觀、時空觀、歷史觀、生死觀、生命觀、修持觀，輯為十二冊，期能引導讀者以佛法慧心，欣賞萬花筒般的人間，處處有善美勝景。

世人常說，生命是一門艱深難懂的學問，但是儘管生命深奧難懂，分析起來不外乎「生」與「死」兩個課題。生命的價值就是「愛」，生命的意義就是「惜」。有愛，就有生命；有愛，就有生機；有愛，就有存在；有愛，就有延續。生命不是出生以後才有，也不是死亡就算結束；生命是無始無終，生命是無內無外。生命是活力，是活用，是活動；生命要用活動、活力、活用來跟大眾建立相互的關係。

現在的社會人生，就是一個萬花筒。人有賢愚不肖，有貧富貴賤，有高矮胖瘦，有男女老少，有各種臉孔；事有大事、小事、善事、惡事、家事、國事；社會上有各種社團、各種活動、各種學校、各種語言、各種商店、各種產品……，仔細觀察，真如一個萬花筒，讓人看得眼花撩亂。

由於我們智慧有限，觀察力不夠，對萬花筒裡的社會人生，常常看得意亂情迷，隨波逐流，看不到一個真實的面目，所以，希望藉由《人間萬事》這套書的出版，觀照人世間的林林總總，找到自己真實的人生。

《人間萬事》有理、有事，有知識、有趣聞，有隱喻、有明示，有現象的分析、有問題的探討，希望藉由不同面向的思考，對各種問題的產生，提供另類的看法與正確的新觀念。撰寫這些短文時，無非希望能具體而微的刻畫出人間萬象與眾生實相，就一些世間的問題，引導大眾在談笑風生之餘，進而深思人生的哲理、探討人生的問題，繼而找出突破困境的方法。

承蒙聯合報顧問張作錦先生，知名學者閻崇年教授、陳怡安教授、林水福教授、鄭石岩教授，知名作家游乾桂先生、李偉文先生、歐銀釧小姐、林良先生、謝鵬雄先生、黃春明先生，及歐宗智校長，為此套書寫序，一併在此致謝。

是為序。

二〇〇九年一月十五日於佛光山開山寮

【推薦序】

生命的普遍觀照

林水福

值此全球金融大海嘯，各行各業普遍不景氣，失業人口日眾之際，星雲大師出版《人間萬事》十二冊，相信對芸芸眾生具有醍醐灌頂之效，如能從中汲取部分智慧，或許可以脱厄解困，化逆境為順境。

人生是什麼？

如何下定義，不是件容易的事。俗語説：「人生不滿百，常懷千歲憂」，這裡呈現的是中國人「杞人憂天」的部分情懷，也透露出隱藏在多數人心中共同的「憂患意識」，也就是先賢所説的：「先天下之憂而憂，後天下之樂而樂。」

星雲大師告訴我們：「有苦有樂的人生是充實的。有成有敗的人生是合理的。有得有失的人生是公平的。有生有死的人生是自然的。」「有得必有失，有失未必有得」，因此，當我們處於順境、職位高升時，不可志得意滿，以為這是自然的、合理的。其實，如大師的昭示，有成有敗，有得有失，有苦有樂的人生才是合理、公平、充實的。而我們能夠「包容不完美不完善，那才是完人」。

「上台」不是件容易的事，「下台」往往比「上台」還難。難在於下台的時機、身段如何拿捏、放下。有人上台，風風光光，下台卻遭到一片撻伐，甚至於身繫囹圄。大師指引我們下台也有諸多好處，例如：

一、無官一身輕。

二、可以給別人多一些機會。

三、人生不一定佔有，享有也是一種樂趣。

四、不演戲看戲更好。

有機會「上台」抱持為人民服務，為社會謀福祉的觀念，兢兢業業，敬謹從事，固然有其價值與意義。但人生，如上述有成有敗，有上台必有下台，下台時毋需眷念，多想想下台的好處，內心或許就能釋然。

身居領導地位時，大師也告訴我們，不一定要當「主帥」，「老二的哲學」也是處世方針之一。還說，可以扮演跟班的角色，陪襯的角色。許多人「寧為雞首，不為牛後」，大師卻說陪襯角色的功能與重要性：「在權力衝突中，具有平衡的作用，所以能在權力的核心裡具有陪襯的功能，說來也是難得的際遇了。」

星雲大師在《生命的擁有》中告訴我們「人生之計」、「生命的層次」、「處世箴言」、「激發智慧」，不僅關心人的生命，對於動物，也同樣賦予愛心。由於不景氣，棄犬日多，大師列舉狗狗的優點：護主、守家、敏捷、忠誠、講義、記人恩惠，善體人意，不受誘惑……。其實，人要跟狗狗看齊、學習的地方多著呢。

「即心即佛，即佛即心」，如何修持，從微小處，如「滴水雖微，可以穿石」，從日常身邊著手。大師著作發行，如甘露遍灑普世，眾生皆有福！

（本文作者為日本文學研究專家、大學教授）

【總序】

【推薦序】

卷一 人生之計

卷二 生命的層次

卷四 激發智慧

卷一 人生之計

生活樂觀，是人生的藝術；
工作勝任，是人生的價值；
事業成就，是人生的富有；
宗教信仰，是人生的昇華。
此乃人生之至善也。

——《佛光菜根譚》

一是多少

各位讀者，大家吉祥！

「一」在數字裡是一個基數，「一」表示不是二，「一」表示不是多，但是「一」也有重大的意義，例如：

一、一語驚人，舉世信服：科學家的發明，哲學家的學說立論，真是一語驚人。例如，牛頓發現地心引力，富蘭克林發現雷電，達爾文提出「進化論」，愛因斯坦發現「相對論」，乃至發明原子、核子、基因的科學家們，他們的發明，都是一語驚人，舉世信服。

二、一音說法，隨類得解：《華嚴經》說，釋迦牟尼佛講經說法時，能以「一音演說法」，讓眾生「隨類各得解」。現在世界的語言，不下百千種之多，要透過翻譯才能溝通，實在不勝其煩。佛陀借助威德神通，在法華會上的百萬人天之中，「一」音說法，讓眾生隨類各得解，「一」豈能小視。

三、一念三千，百界千如：天台學說主張，我們心中的一念，可以包含三千大千世界。心中的一念，具足「十法界」，每一法界有「十如是」，每一如是裡又有十法界，所以「百界千如」說明了宇宙人生「同體共生」的美妙。

四、一心念佛，絕對往生：佛教的淨土宗非常重視「一心念佛」，只要念到「一心不亂」，念到「即心即佛、即佛即心」，必能往

生極樂世界。這在佛教的許多經論裡都有明證。

五、一念不生，萬象現前：佛教的禪門雖然有別於淨土宗的「一心念佛」，但提倡「一念不生，前後際斷」。所謂「斬斷生死，截斷眾流」，不要以為那個時候什麼都流於虛無，其實另一個朗朗的晴空萬象，立時現前。

六、一朝風月，萬古晴空：光陰似箭，日月如梭，我們在無情的歲月裡，儘管石光電火的人生，不容易找到安息之處，但禪門講究開悟，只要開悟了，則「一朝風月」，就像「萬古晴空」，那就是生命的永恒。

七、一子出家，九族升天：在佛門裡，為獎勵人間修道者，有謂「一子出家」，可以「九族升天」。諸佛菩薩絕不會妄言，因為一個人出家造福社會，弘法度眾，所有功德福報，必能庇蔭家族親人，同獲利益。

八、一馬當先，勇冠三軍：人生的成就，必須要仰賴條件，例如，武將身先士卒，一馬當先，勇冠三軍。當立功之後，升官是必然的。

一是多少？《法華經》說：「一即一切，一切即一。」例如，一粒沙石稱為一，一棟房子也稱一，一個城市也是一，一個地球、一個虛空，都是一。小至沙石為一，大至虛空也是一，這不是「一切即一」的圓融之道嗎？所以不要小看了「一」，一夫當關，萬夫莫敵；一字千金，擲地有聲；一帆風順，前途無量。即使是「八風吹不動」，也能「一屁打過江」，所以佛教講「一切皆空」，空是何等之大，空看起來什麼都沒有，實際上是包含萬有。因此，經典說「一個不是少，萬億不是多」，誠不虛也。

人心六好

各位讀者，大家吉祥！

人心有好壞善惡之分，茲就「人心之好」，舉喻如下：

一、人心如日月：有的人心如冬天的太陽，如十五的明月，不但能為大地帶來光明，還能溫暖、成熟萬物。例如佛心、菩薩心，因為有「慈悲」，慈悲能讓人受益，能讓大地欣欣向榮，所以一個人能交到「好心」之人，就如寒冬裡受到太陽的照耀，如同暗夜裡有了明月的朗照。

二、人心如甘露：有的人有幸遇到一個好心人，給他

一句良言，一句法語，一句好話，一句鼓勵，這就如同「甘露灌頂」，讓他「茅塞頓開」。一句甘露的良言，讓人一生受用，價值不菲。

三、人心如田地：有的人心如大地般空曠寬廣，而且肥沃如良田，我們的一事、一言種植在他的田地上，未來必能產生很多善美的果實。我們看，古往今來的許多聖賢，只要一句好話，他都能永記心

田，而且轉化為能量，讓國家社會都能受到他的庇護、提攜。

四、人心如電廠：我們遇到電力充足的朋友，他不但自己的心靈能發光、發熱，而且能照耀別人，讓人在他的照明、接引下，離開罪惡的暗夜，安安穩穩、平平順順的走向明天。

五、人心如大海：海洋包容塵世間的一切，不但大魚小蝦都能悠遊其中；大海裡，縱使倒進一些污穢的垃圾，也不失大海的清淨。大海和虛空一樣，都是無邊際，都能包容一切，所以心如大海、虛空的聖賢、長者，都是我們的善知識。

六、人心如工廠：人心的工廠，能出產種種產品。當然，壞的工廠生產品質不好的產品，好的工廠能出產聖賢君子，出產諸佛菩薩，所以我們要向好的工廠學習，求取他日的成就。

說到人心之有好有壞，就好像一塊潔白無瑕的白布，清淨無污

染，可以供我們使用；如果是一塊骯髒的抹布，則棄之為好。人心之好壞，又如一把刀，可以成為斬斷煩惱的工具，也可以殺人，所以不得不慎。

人心亦如僮僕，可以忠於主人，為公去私，一心一意盡忠職守；但也可能成為叛徒，出賣主人，謀取私利。人心也如國王，可以做一代明君，福國利民，也可以無惡不作，為害蒼生，所以人心的一念善惡，其影響不可謂不大。

正因為人心有好壞善惡之分，所以我們要懂得「修心」，使其去惡為善，去壞就好，則心之善良，心之美好，自然好心有好報。

人心六壞

各位讀者，大家吉祥！

前文談過人心的「六好」，現在要說人心也有「六壞」，由此亦可見吾人之心，可好可壞，可善可惡，只在自己如何「調心」而已。

茲將「人心六壞」，略說如下：

一、人心如鐵石：有的人沒有信仰，沒有慈悲，只有執著，心如鐵石之堅硬，不受感動，所謂「鐵石心腸」，

是為難纏也。

二、人心如冰雪：有的人不但「三冬無暖氣」，簡直是「百年似冰霜」，一點熱誠、熱氣都沒有，如冰天雪地般寒冷的心腸，別人如何敢靠近他？

三、人心如猿猴：一般形容「心猿意馬」，就是說我們的心就像猿猴，跳動不停，終日躁動，沒有一刻安寧。所以有的人，心裡只有妄想紛飛，每天

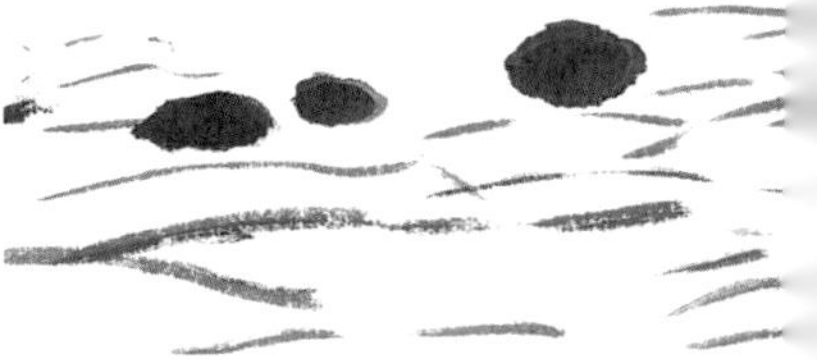

專打別人主意，全無正念，毫無善意，這樣的人，會讓人覺得他是個可怕的人物。

四、人心如蛇蠍：有人說：「青竹蛇兒口，黃蜂尾上針，萬般皆不毒，最毒是人心。」人心之狼毒，但看歷史上，謀害忠良、奪人田財之事，可謂歷朝有之；今之社會，謀害親夫，或是殺妻害子後焚屍滅跡者，時有所聞，真是比蛇蠍還惡毒。如此壞心，豈不可懼。

五、人心如盜賊：社會上，盜賊會竊取我們的財寶，搶奪我們的所有。其實，人心之壞，有時如盜賊般，會破壞我們的好事，甚至任意妄為，竊取我們的功德，讓我們所有的一切，任其花用，結果原是富有之家，最後貧窮困頓，寧不可悲。

六、人心如虎狼：我們也許都曾聽過有人罵：「汝之心，狼狗不如」。其實狗是最忠心的動物，狗心忠誠，不知何故竟為人所詬。但是如果說人心如「虎狼」，確有其實。有的人竊取權位，妄圖財富，面善心惡，表面上對你虛情假意，實際上虎狼之心，不知何時會現形，令人防不勝防。

其實，人心之壞，不只如上六喻。人心之難測，所謂人心如海之深，難測其底；人心如虛空之大，難摸其邊。人心之毒，更是不可不防。

佛經比喻我們的身體就像一個村莊，裡面住了「眼耳鼻舌身心」六個人，心是主人，心好，則領導眼耳鼻舌身廣行善事；心壞，五根也會隨之為惡。心，是人的主宰，一個好人，必定從心好做起；一個壞人，也必定由心壞而擾亂。因此，古代的聖賢都鼓勵人要「回心轉意」，能夠心向佛道，發慈悲心，捨棄惡念，豈不善哉。

人生七堂課

各位讀者，大家吉祥！

人從出生，一直到人生之最後，每個階段都有每個階段的功課，例如：學習、求職、結婚、交友、信仰、歷史、老死等。每一個階段的功課，都需要好因好緣，也需要自己的「因地」健全，才能完成人生。茲將人生的功課，述說如下：

一、**學習**：人從出生開始，就要學習各種生存的能力。例如，人生最基本的需求，首先要求得「安全」，然後要有基本的物質生活，接著才會進一步追求精神、藝術、信仰

等生活。一個人的學習對象，最初是父母，到了五歲以後，進入幼稚園、小學、中學、大學，甚至到了研究所，乃至出了社會，仍然要不斷的學習：學做事、學技術、學做人，甚至學聖、學賢、學佛等。所謂「活到老，學到老」，人生的功課，總的來說，就是一個「學習」。

二、職業：當一個人學習到某一個階段後，就要獨立，要能賺錢，不但要養活自己，還要養活家人。一般說，二十歲之前是學習的歲月，靠著家庭、親人、社會供給所需，二十歲以後就要找個職業。不管士農工商，在求職的階段，一方面摸索自己的興趣，再者也是考驗自己的能力。如果職業勝任稱職，主雇合作就能如魚得水；如果工作不順，主雇之間糾紛不斷，導致經常換工作，甚至失業賦閒在家，如此則如水源斷絕，生活就會陷入困境。

三、婚姻：有了職業，經濟能夠自立，接著就需要結婚成家，因為「傳宗接代」是中國人的倫理。在選擇結婚對象時，門戶相當，性情相投，才能琴瑟和諧。一旦結婚後，緊接著就要生兒育女，這時責任加重，當然生活的負擔也大了，所以就要衡量自己養家活口的能力，就必須更加勤奮工作，以

確實負起養家之責。

四、交友：結婚之後，就是真正的長大成人，不但責任加重，生活圈子也相對擴大。平時生活裡，除了父母家人以外，還要接觸社會各行各業的人士，尤其是與朋友的交往互動。朋友是人生不能缺少的重要角色，交友要注意友直、友諒、友多聞，要結交益友，如果不慎交到損友，可能誤了自己的一生，所以如何交友，也是人生一門重要的功課。

五、信仰：人的一生，有時從小就隨著父母養成信仰的情操，有時在讀書期中就知道信仰的重要，有時則是因為工作需要，或者為了牽就結婚對象而改變信仰。不管是在任何情況下決定信仰，也不管信仰任何宗教，重要的是要信仰正信的宗教，也就是要信仰有能力、有道德，而且有歷史可考的，而不是來無影、去無蹤的神仙。當然更不可以信仰怪力亂神的邪教，因為迷信不嚴重，邪信最可怕。

六、歷史：人生到了這個時候，應該是三十而立，或四十而不惑的年齡，面臨的問題應該是對歷史如何交待，所以人生都背負著對歷史的責任。人的一生，父母生我，師長教我，社會育我，我應該如何回饋？這時候就應該想到留些什麼事業給人間，留些什麼觀念給家族，留些什麼示範給朋友，留些什麼功德給宗教，所謂「留名青史」，這是一生最重要的規畫。

七、老死：人生最後的規畫，就是自己的老死問題。人生到了五、六十歲以後，所謂「人生七十古來稀」，隨著年歲增長，即使是百歲人瑞，也有老死。老死是自然的現象，既無可避免，也不必驚慌，更不能顛倒妄想，所以這時候信仰的力量最能發揮重大的功用。

以上人生的七堂課，如果都能應付裕如，那就是美滿的人生了。

人生八怕

各位讀者，大家吉祥！

人在世間生活，有的人春風得意，無憂無慮的享受人生；但也有不少人時刻心懷憂懼，寢食不安。人生到底何所懼？略述如下：

一、**英雄怕病魔**：一個英雄好漢，平時威風凜凜，不可一世；但是一旦病魔降臨，頭痛、胃痛，甚至有時一根小指頭受了傷都會其痛難忍，都可能讓英雄變成狗熊，所以難怪有人慨歎「英雄只怕病來磨」。

二、**美人怕遲暮**：千嬌百媚的美女，在人群中像一朵花，豔光四射；但是歲月不待人，一旦年華老去，美麗隨著歲月消逝，就如同一

朵鮮花，盛開時被插在頭上，枯萎了就棄之於地。美人遲暮，豈不哀哉。

三、善人怕惡霸：

世間上多少善人君子，到處被人歌頌，受人禮遇；但是遇到奸邪的小人、地方的流氓惡霸，所謂「秀才遇到兵，有理說不清」，在蠻橫不講理

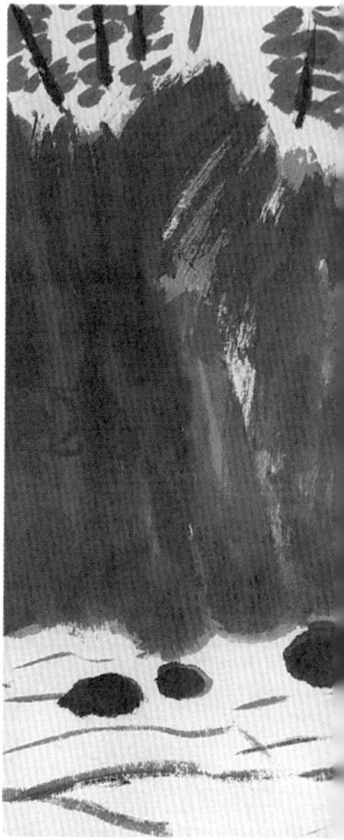

的惡霸面前，再高的人格道德、再好的善事行為，都會黯然失色。不過「善似青松惡似花」，惡霸的橫行不會太久，其不好的下場也是預期可見。

四、僧侶怕因果：僧侶的生活簡樸，不求功名富貴，所以無所求自然無所懼；但是在善惡因果之前，還是有所顧忌，尤其所謂「菩薩畏因」，豈可不慎！

五、商人怕蝕本：經商的人都想賺錢，因為賺了錢才能繼續經營，如果總是蝕本，所謂「血本無歸」，這是經商者最痛苦的事，所以經營商業，不能只看到眼前的賺錢，另外還要賺時間、人緣、功德等資

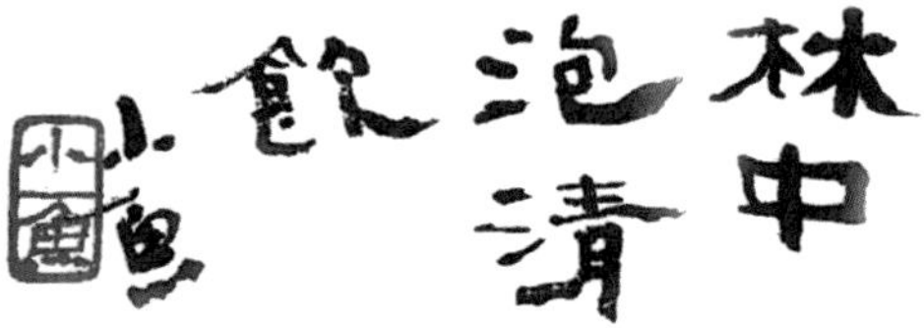

糧，以防蝕本時得有貴人相助。

六、農夫怕荒年：世界上有許多國家都是「以農立國」，農業是人們生活的根本依靠，但是遇有水災、旱災、蟲災，尤其碰到貪官污吏、苛捐雜稅時，基本上農夫的知識、關係都不及其他行業，所以到時訴苦無門，只有「積穀防飢，積善有慶」了。

七、軍人怕槍炮：軍人雄糾糾、氣昂昂，威武不可侵犯，令人敬畏；但是一旦戰爭的號角響起，軍人開上戰場，雖然為國家慷慨赴戰，但是想到不知何時，只要一顆子彈隨時都會要了自己的命，心中還是會生起懼怕之心。

八、政客怕民眾：不少政客平時仗勢欺壓百姓，對人民極盡敲詐、耍弄，讓民眾敢怒不敢言；但是當政客福報享盡，風光沒了，也會被人民唾棄，民眾可以用選票、嗆聲來讓他下台，所以人民還是最後的勝利者。

其實人在世間，豈能沒有所怕？以上八怕，也夠世人警惕的了。

人生十四轉

各位讀者，大家吉祥！

人生要能「轉」，不管轉運、轉心、轉業、轉型，所謂「轉機」，能轉，才有改善的機會，能轉，才能重現生機。

你想要「轉」嗎？茲舉「人生十四轉」提供參考：

一、轉迷為悟：把心中的迷惘轉為日光遍照，無所不明，即是悟。

二、轉凡為聖：把凡夫俗子的貪瞋愚癡，轉為聖人君子之行，即能超凡入聖。

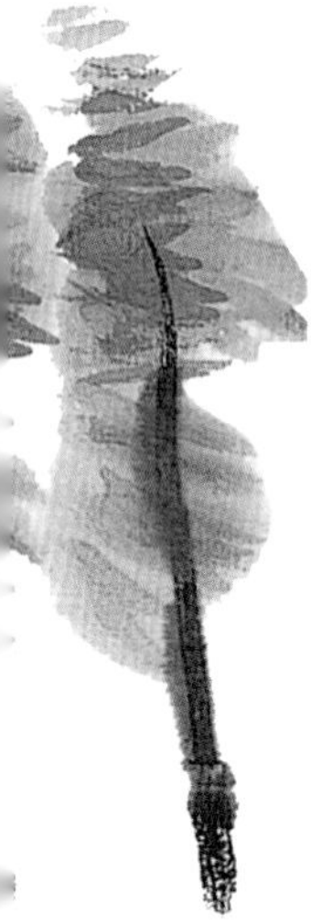

三、轉邪為正：

曾子之妻說：「寧可正而不足，不可斜而有餘。」斜就是不正，心術不正、行為不正，都不能成為正人君子，所以人生要轉邪為正。

四、轉愚為慧：佛教的《百喻經》裡有很多愚人的故事，都在啟示愚癡的可怕，所以要轉愚為

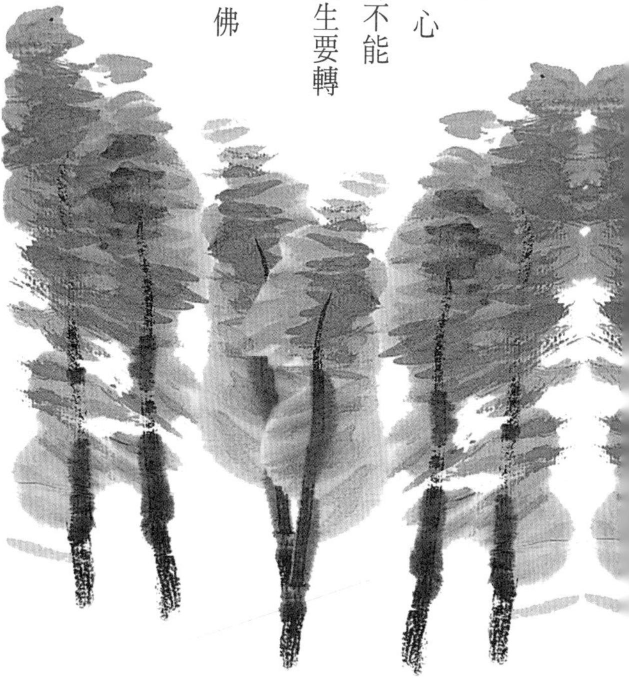

慧。

五、轉惡為善：古往今來，多少十惡不赦的人，如果都能轉惡為善，則天下太平矣。學佛的人，能夠轉惡為善，才能與佛法相應。

六、轉弱為強：國家的政治、軍力，甚至個人的體力，如果衰弱不堪，就容易被人所欺。能夠轉弱為強，就能力圖振興。

七、轉危為安：危機即轉機，所以遇到危難時，只要能轉，就可以化險為夷，就能轉危為安。

八、轉難為易：遇到困難的事，能夠請教高人，得到指導，則易如反掌。

九、轉苦為樂：苦樂都繫於吾人一心，吾心一轉，苦也即是樂。

十、轉己為他：己有功德好事，要能回向他人；能夠「回自向他」，就能「回小向大」。

十一、轉貧為富：貧富不應對立，貧富要互補互助，才能共生共榮。

十二、轉暗為明：所謂「千年暗室，一燈即明」；只要我們能點亮心燈，就能轉暗為明。

十三、轉小為大：吾人要將小心、小願，轉為大心、大願；能轉小為大，就是進步。

十四、轉事為理：事相上的一切都是有限的，發心修行，將有相、有限的世間法，轉而成為無相、無為的出世真理，就是大智慧。

說到「轉」，轉也要有轉的空間，轉也要有轉的方法。轉更要有魄力，尤其要轉得有意義；能把世間的「有為法」，轉成「無為」的功德，人生的境界就不一樣了。

人生之計

各位讀者，大家吉祥！

現代人重視「生涯規畫」，很講究「計畫人生」，諸如讀書的計畫、創業的計畫、婚姻的計畫、生育的計畫、退休的計畫等。確實不錯，人生那樣事情不需要事先做好計畫，然後才能按部就班的實施呢？

人生的計畫很多，列舉如下：

一、一日之計在於晨：人都要活在當下，儘管生活一日復一日的過，但是人生最寶貴的，還是在當下的一日。在一日當中，尤以晨光最為寶貴，所謂晨操可以增強健康，晨讀可以增加學問，晨作可以提升效率，尤其吃過早餐以後，一天的生活才正式展開，所以一日之中，把握早晨的時間最為重要。

二、一年之計在於春：人生不但每天有一日，生命之中還有很多的一年。人生一日復一日，一年復一年；一年之中最重要的，就在於春天。

春天裡，春光明媚，鶯飛草長，萬物復甦，到處一片欣欣向榮的新氣象。因為春天到了，小花小草都在展現他們的風姿；生而為萬物之靈的人類，豈能不懂得把握春天，好好努力？

當然，也不是說其他季節都不重要，只是春天播種、夏天耕耘、秋天收穫，冬天藏穀，一切都以春天為基礎，如果春天不播種，何來秋收冬

藏呢？

三、一生之計在於青：人生數十寒暑，在一生數十年的歲月裡，最重要的年華應該就是青年時期了。在青年時期，你立志做一個運動家，或是企業家、科學家，或者成為作家、學者等。你立下志願，如果在青年時期好好打穩基礎，則未來人生的發展，必然大有可為。

四、一人之計在於勤：人的一生，當然要從自己做起。「人是一個，命是一條，心是一點」，但是「一」不是單元，而是無限。只要發心勤勞，所謂「勤有功，戲無益」；勤勞的人，前途萬般美好，萬種事業都能在一個「勤」字之下，發揮開來。俗云「一人得道，雞犬升天」，可見一人勤勞，眾人得福，這是必然的道理。

五、一家之計在於和：每個人都是家庭的一分子，但是家庭中還有其他很多人，包括父母兄弟姊妹，甚至還有其他親族。有的家族三代同堂，有的五代共住；管你小家庭也好大家庭也罷，主要的，有「家」就必須要「和」，因為「家和」，才能萬事興。

六、一國之計在於仁：從一人、一家，進而推至一國，所謂「國家興亡，匹夫有責」，國家的施政，每一個人民當然都應該關心。國家的施政，最重要的在於一個「仁」字。過去儒家一再強調「仁政」，佛教也一再提倡「仁王護國」。從地方的村里長，而到鄉鎮長，再到縣市長，甚至推及到全國的領導人，如果大家都有一顆「仁心」，用「仁政」來治理天下，則以仁治國，國必昌盛，以仁治天下，天下人必然歸心，如此何懼國家不能強盛，社會不能安定呢！

人生的「路」

各位讀者，大家吉祥！

一個人的世故經驗從那裡來？就看他走過多少的人生路。有人說：「我走過的橋，比你走過的路還要多」，可見走路也是累積人生經驗，甚至是創造人類歷史不可少的功夫。

走路，能讓人登峰造極。有的人以單翼螺旋槳飛過太平洋，有的人要以帆船獨航大西洋，有的人以腳踏車環遊世界，總希望能在「走路」的上面創造人生。

路，也有很多類別，寬廣大道、羊腸小徑、崎嶇山路，乃至沙漠裡用屍骨寫下的道路。道路也代表一種風險，我們要慎選人生的道路，才不致於迷失自己。

從人生的意義上看，路有六種：

一、往上爬升的路：一個人不甘願自己渺小、低下，總希望做人上人，學問力求進步，道德不斷增長。所謂聖賢的道路在招引著他，他一直往上爬行，路途雖然辛苦，但是一旦站上峰頂，放眼四周，風光旖旎，人生自有另一番天地。

二、不斷下坡的路：有人看到上坡的路艱辛難行，因此意志消沉，精神不濟，乾脆往下坡的路滑行。上坡的路，日行二十里，下坡的路，日行百里以上，容易到達。所以，有的人在人生的路上，只想投機，不肯靠實力奮鬥創造，甚至為了求財、求名、求富貴，不擇手段，如此縱有所得，也不長久。

三、平凡安穩的路：有的人胸無大志，不想走往上爬升的路，但

也不肯自甘墮落，走下坡的路，於是選擇平凡安穩的路，循規蹈矩，忠厚老實，不與人爭，只要謹慎平凡的過日子，一家老小三餐能得溫飽，平平安安，沒有風險，這就是他最大的祈求了。

四、沒有前途的路：有的人喜歡冒險，喜歡意外所得，凡事抱持姑且一試的心理。明知革命失敗居多，他希望僥倖一試；明知大企業的經營，需要很多條件因緣，自己因緣不具，他也要孤注一擲。甚至詐欺、賭博、走私、販毒，都是沒有明天的路，他一樣財迷心竅，鋌而走險，於是走上了沒有前途的路。

五、崎嶇不平的路：除了上述的四種路以外，有的人命運坎坷，一生為理想奮鬥，創業幾經失敗，投資屢遭倒閉，甚至被朋友欺騙、出賣。幾番奮鬥，才從高低不平、崎嶇難行的路上走出，但人生歲月已不知耗去多少。不過這種人精神可嘉，他總算沒有被困境打倒，所以人生唯有不屈不撓，才能把崎嶇的路走完。

六、峭壁懸崖的路：崎嶇不平的路難走，但並沒有多大的風險，只是困難而已；峭壁懸崖的路，不但困難，還有風險。很多成功的人，大都是走過人生的萬重山，冒險越過人生的懸崖峭壁，才能走上成功之路。例如王永慶、張忠謀，他們沒有走過懸崖峭壁的道路嗎？政治上，陳水扁、宋楚瑜，他們沒有走過峭壁懸崖的路嗎？

總之，只要有路，條條大路通長安。不管是海峽兩岸和平的路，還是自我完成修行的路，路，總是要往前走的。

人生實相

各位讀者，大家吉祥！

很多人都會要求完美，凡事要求完美固然很好，表示精益求精，更上層樓；但是，有的人因為小小的缺漏而全盤否定，有的人因為小小的遺憾而全部放棄，這樣的要求完美，有時反而因噎廢食，流於吹毛求疵，不管對自己或與自己共事的人來說，都會很辛苦。因為人生本來就有很多缺陷，因此在追求「完美」的同時，要能認清人生實相，例如：

一、有苦有樂的人生是充實的。大致說來，人都是「趨樂避苦」，這是很自然的事。但是佛說世間是苦，因為這是實相，所以人生不能只是一直希望獲得快樂，而不肯面對苦難。沒有經過苦難的快

樂，給人感到虛假不實在；能夠克服困苦而獲得的快樂，才顯得珍貴，也才有成就感，因此有苦有樂的人生，才是充實的。

二、有成有敗的人生是合理的。追求成功、追求卓越，是生命的希望和進步的驅動力。但人不可能一直都是成功，容許自己有失敗的時候，反而會給自己一個退步省思的空間，一股再求突破、增上的力量。因此，當人生遭逢挫敗的時候，要勇敢的面對它，繼而再接再厲，愈挫愈勇，因為有成有敗的人生，才是合理的。

三、有得有失的人生是公平的。「得」很歡喜，「失」很痛苦，因此人總是希望得而不要失。然而，有時「得」也不見得是「得」，「失」也未嘗是「失」。今天得到名位權勢，明天失去尊嚴、道德、自在，這樣的得是否值得追求？這裡失去職務，可能另一處發揮的空間更廣，世界更大，這樣的失未嘗不是再造人生的另一個契機？所以有得有失的人生是公平的。

四、有生有死的人生是自然的。凡人都是「好生惡死」，看到新生命歡喜不已，面對死亡就排拒恐懼。其實有生必然有死，這是人生再自然不過的事。事實上，生命是不死的，此處死了，彼處會再生，生生死死，死死生生，都是同一生命。好比太陽，東昇西落，昇未嘗昇，落亦未嘗落，昇昇落落原是同一個。重要的是，如何用有生之年，為生命留下意義、價值。

喜歡月圓的明亮，就要接受它有黑暗不圓滿的時候；喜歡水果的甜美，也要容許它通過苦澀成長的過程。人生「一半一半」，能夠認識人生實相，放下對好、對全的執著，在人生的樂、成、得、生中，包容不完美、不完善，那才是完人。

人的周遭

各位讀者，大家吉祥！

人的周遭，每天都有很多的人事往來，也有很多的事務要處理。隨著氣候、時空等環境的異常變化，每天受外境影響，心浮氣躁，不得安寧；有的人儘管周遭的外境變化萬端，仍然氣定神閒，以不變應萬變。

其實，人的周遭處境，有些變動紛亂固然人各不同，但是某些大環境則是普天一致，只是每個人的觀察不同，例如：

一、上有青天：每個人的頭上都有一片天，中國人對「天」向來保有尊重敬畏之心。我們在敬天畏天之餘，假如能經常看到自己頭頂上的青天，有日月星辰，有白雲飄飄；時而群鳥飛過，留下幾聲呢喃；時而清風徐徐，飄來陣陣花香，真是好一片天清氣朗的溫馨景象。你有靜下心來享受過這樣的美好嗎？

二、下有大地：欣賞過了「上有青天」之後，你再看看腳下踩踏的大地。遠處的青山含笑，路邊的河流潺潺，蓊鬱蒼翠的林蔭如畫，村莊裡屋頂上的炊煙嬝嬝，偶爾傳來幾聲狗吠，呼應著不絕如縷的蟲鳴鳥叫，多麼美好的一幅人間風情畫。你曾停下腳步來用心欣賞過嗎？

三、四周有人：你知道上有青天，下有大地，你再注意一下，你的四周有人。走在馬路上，多少人與你擦肩而過；坐在火車裡，多少人與你同車而行；走進超級市場，多少人的眼神與你交集；回到家中，多少人對你愛語關懷。我們四周的人們，有的跟我們問好，有的跟我們談笑，有的表示善意，有的表示關心。我們周遭的人群裡，你可以跟他們請託，也可以要他們給予助緣，或是和他們閒話家常，更可以向他們學習問道。在這一片有情的人間，你有真心感受到他們的存在嗎？

四、八方情理：人在世間，只要我不執著，只要我不保守，我就能與八方的情理交流。張家感謝我清理道路的整潔，王家讚美我對社區的貢獻。喜怒哀樂的人生，有人與我呼應；有情有義的世界，有朋友與我相互往來。我一通電話，馬上有人回應；我一封信函，也能得到答覆。每天翻開報章雜誌，知道人間多少趣聞發生；打開電視，感受人間充滿溫情無限。全世界好像都在我的眼底，全方位的人間就在我的周遭。你有細心看到過這一切嗎？

五、中間有心：其實，上有青天，下有大地，四周有人，八方情理，這些都不重要，重要的是我內中有心。我的心可以達古通今，我的心可以馳騁十方，我每天都可以豎窮三際，橫遍十方。

我讀古書，可以和古人談心；我讀地理，可以遨遊世界。我把天地擺在我的心中，我把仁義道德存放在我的心裡；我的心中讓他生出無邊的道德，讓他充滿了公理正義。我每天把握這一點真心，供養十方諸佛，並及我的周遭人群，豈不宜乎。

人禍

各位讀者，大家吉祥！

自古以來，人類無法逃脫天災人禍，面對天災，只有預防，無法抗拒；對於人禍，只有逃避，難以預防。例如，面對人心的奸詐、瞋恨、嫉妒，各種的陰謀詭計，各種的毒辣手段，真是叫人防不勝防。

人間到底有些什麼人禍呢？

一、戰爭是人禍：世界的侵略者，經常以各種理由發動各種戰爭，有的要擴張土地，有的要伺機雪恨，有的要搶奪資源，有的為了發展勢力。所有這些侵略的野心家，為了逞一時之快，或為了一己之利，發動戰爭，造成彼此的傷亡。總之，由於在上位的領導者，打著

漂亮的口號，造成文化的破壞，生命的傷亡，從古至今，這種至殘至悲的人禍，還在不斷的上演著。

二、暴力是人禍：世間上，從家庭暴力，到政治暴力、軍事暴力，甚至土匪、黑道，都會施加暴力。過去專制時代，用各種刑具逼取口供，這是最嚴重的暴力。現在民主時代，警察憑藉權力，經常對無辜百姓施加各種暴力，甚至流氓以蠻橫的手段，欲達其目的，不惜施加暴力。其實，莫道暴力不能抗拒，所謂「人惡人怕天不怕，人善人欺天不欺」，施加暴力者，一旦因果報應來

臨，那就是最大的制裁者。

三、酒鬼是人禍：社會上，經常有一些人藉酒裝瘋，三杯黃湯下肚，他就藉著酒意對別人胡言亂語，或者戲弄他人，甚至拳腳齊來。我國的法律，對於酒後所犯的過失，總給予寬諒減刑，這無疑是在法律上替酒鬼的犯刑公然脫罪，讓他們更加肆無忌憚的胡來。因此，仔細推敲，酒害之不斷，良有以也。

四、毒販是人禍：毒品之害，足以亡國，但是一些毒販昧著良心，只圖個人的暴利，罔顧國家安危，總是想盡各種方法走私販毒。吸毒之害，不但敗壞家庭門風，戕害自己的健康，損耗個人、國家的財產，尤其破壞社會善良的道德風氣，甚至動搖國本，所以舉世各國對於販毒者，都處以嚴刑制裁。可惜由於販毒有厚利可圖，一些毒販鋌而走險；由於毒販猖獗，吸毒者無力自拔，一旦毒癮發作，為了取得毒品，作奸犯科，即使玩命也在所不顧，所以現在的人禍當中，毒品之危害甚矣。

五、貪官是人禍：世界上，每一個國家幾乎都有貪官，小小的貪官，人民甚至當作是花錢消災的管道。例如，妨礙風化的特種行業，或是各種違章建築，或者一般人民要取得政府的證明文件，乃至司法案件的被告，都會拿錢賄賂，而一些執法者也就乘機受賄貪污。尤有甚者，一些在高位者，憑其權力，貪污舞弊，藉各種手段斂財積聚。如此一來，上有貪腐者，下有仿效者，整個國家社會，一班貪污無能之士充斥公門，貪贓枉法之事層出不窮，如此國家，實在可悲矣！

六、病患是人禍：所謂病患是為人禍者，最大的就是精神病患。現在社會上，不少人罹患精神疾病，可以說每一個精神病患都是社會的不定時炸彈，不知道什麼時候會對社會造成危害。精神病患當中，有的自殘，有的傷害無辜，有的甚至施暴親人，尤其有的無端縱火，造成公共危險。但是對於精神病患的各種犯行，社會上往往一句「他的精神有問題」，就可以輕輕帶過，如此欲求一個善良、安定的社會，如何可得呢？

上台與下台

各位讀者，大家吉祥！

有人說，人生如「舞台」，既有「上台」的時候，必然也會有「下台」的一刻。但是一般人上了台就好歡喜，大肆慶祝；一旦下台了，就失意落寞，好像人生死了一半。

其實，上台的時候確實值得歡喜，因為上台後：1.比較有機會表現；2.比較有空間發揮；3.比較有權利運用；4.比較容易實現理想；5.比較能夠成功立業。

但是如果下了

台，也不必沮喪，因為下台後：1.無官一身輕；2.可以給別人多一些機會；3.人生不一定佔有，享有也是另一種樂趣；4.不演戲，看戲更好。

因此，不管上台、下台，應該以平常心看待。再說，所謂「上台」，不是只有總統就職，或是行

政院長上任，才是上台；社會上的人當選董事長、總經理，佛教人士擔任會長、住持等，都是上台。甚至人一出生，就已站上了人生的舞台，就要做好演出的萬全準備。

在人生的舞台上，每個人都要各依自己的專長演出，有的人在「講台」上展現魅力，有的人在「戲台」上帶給別人歡樂，有的人在「將台」上接受築壇拜將。上了台就是一份榮耀，就有地位，就是高人一等，例如步上講台，學者教授也要坐在台下，自己就是老師，所以人總是希望有上台的機會。

然而，上台的時候雖然很得意、很風光，

但是上台就是一份責任，就有一份使命，所以上台後要能看得遠，要能演的出色、精彩，尤其要能演得稱職、得體，否則稍有不慎，眾目睽睽，十目所視、十手所指，實在容不得有所差錯。

其實，上台、下台都各有因緣，因此上台後：1.要感謝各種因緣的成就；2.要努力勝任愉快；3.要作好隨時下台的準備；4.要留下成就給後人。

一旦自己功成身退下台後，則應：1.為團體有接棒人而欣慶；2.為自己過去所作的貢獻而歡喜；3.為自己有機會轉換崗位再學習而感謝；4.未來有緣份的話還要再回來幫忙。

總之，人生有上台、下台的時候，上台也好，下台也罷，都要歡喜，而且最重要的是，在人生的舞台上，無論扮演什麼角色，都應該以主角的心情盡力演出。只要能如實扮演好自己的角色，這就是成功。

女人的一生

各位讀者，大家吉祥！

世間上，有男人，有女人。有的男人怨歎，恨不生為女兒身；有的女人也怨歎，生為苦命的女人。女人究竟好不好？試述「女人的一生」如下：

一、女人一生被人管：女人的一生，「被人管」是注定了的命運。打從出生後，父母對女兒的管教就比較嚴厲。例如，講話不可以太大聲，不能跟哥哥、弟弟爭搶物品，家裡有了客人，也不可以拋頭露面。甚至從小就要學習女紅、烹飪，要幫忙做家事，要看家守戶，不准外出。相較之下，家中的男孩則比較方便、自由。

一個女孩子，在未出嫁之前，受到父母的管教已經非常辛苦了，出嫁以後，還要受丈夫管。男人是一家之主，要求妻子負起一家的收支預算，居家內外的整潔要打理，每天要洗衣煮飯，供應全家人衣食無虞，還要和睦親人朋友，對親友的服務尤其要拿捏分寸。此外，丈夫在外忙著事業，女人在家要多方支援，平時早起晚睡男人要管，梳妝打扮男人要管，出門採購男人要管。女人婚後，美其名已經成了「女主人」，實際上像囚犯一樣，在男人的視線之內，受到嚴格的監管。

好不容易等到兒女長大了，身為女人的母親也年老了，可憐的母親這時就要受兒女所管。兒女不但經常嫌媽媽不懂、媽媽不會，甚至動不動就命令：媽媽不可以這樣、媽媽不可以那樣……。這就是可憐女人一生的寫照。

二、女人一生被人用：如上所說，女人的一生，雖然美名曰「女主人」，實際上大部分時間都是被人用。有的女孩子，在未出嫁之前，就身兼母職，幫忙照顧弟妹；出嫁以後，除了侍奉公婆，還要相夫教子。尤其十月懷胎，三年推乾就溼，十年付給小兒小女的愛心與辛勞。有的婦女，三男五女，子女年幼時，肩上背的，懷中抱的，手裡挽的，一邊還要燒飯煮菜做家事，真是無比辛苦。根據美國人的一項統計，女人一天的工作成果，更勝在外工作的男人，如果女人做家務也能受薪的話，則女人的收入必然要比男人更高。

三、女人一生被人欺：女人從小因為體質嬌弱，在家跟哥哥、弟弟都無法爭個輸贏，只有受兄弟的欺負。偶有吵架，父母也是責怪女兒：妳是女孩子，怎麼可以跟哥哥、弟弟爭執。長大後到社會求職，女人總是被人看輕，明明同工同職，男人的待遇總是超過女性，尤其有了升遷機會，女性一般不容易被優先考慮，也不受重視和擁戴。英國女王很偉大，但世界上一半人口的女人，有幾個英國女王呢？

四、女人一生被人愛：女人最幸福的，就是被人愛。有的小女孩，受到開明父母的關愛，當成「掌上明珠」般捧在手心呵護。長大以後，如果長得亭亭玉立，嬌美大方，儀態萬千，更是受到青年男士的追求，奉為天上仙女，這是女孩子最幸福的時光。等到名花有主以後，就要看丈夫愛她的程度如何了。有的雖然嫁入豪門，可惜人事複雜，紅顏薄命；有的女性恃寵驕慢，甚至嫉妒成性，如此想要快樂幸福的過一生，此實難矣！

所以，女人的一生，唯有發揮女性的愛心，母德萬方，則即使年老也會受到尊重。不過這就要看女人自我的表現了。

六種人

各位讀者，大家吉祥！

人，有千百萬種的不同，一般人總是概括分為好人跟壞人。其實好人中有壞人，壞人中有好人，好壞不能光看表相。舉「六種人」略說如下：

一、**愚夫不怕因果**：世界上最愚癡的人，不是不讀書，也不是不會做人，而是不怕因果的人。沒有因果觀，任性而為，不計利害；但是「善惡到頭終有報」，一旦報應來臨，即使後悔也沒有用了。

二、**明人不做暗事**：有的人做人光明磊落，有的人做人偷雞摸狗；光明磊落的人，經得起時間考驗，偷雞摸狗的人，總有東窗事發的時候。所以，做人應該堂堂正正，明明白白，世間上「書有未曾經我讀，事無不可對人言」；明人因為不做暗事，自然「不做虧心事，夜半敲門心不驚」。

三、**君子不念舊惡**：誰是小人，誰為君子？很難定義。不過一個人如果總是念著朋友的錯事，念著別人的壞事，可見他已經不是君子了。如果是君子，必然心量寬大，對人體貼，不與人計較，多給人機會，平時待人忠誠、厚道，喜歡讚美人、幫助人，當然他就是君子了。

四、**聖賢不計毀譽**：世間上，不論從事政治、教育、經濟，或是慈善、公益事業，可以說，百業之中都有聖賢。不論聖賢能夠擔當責任，做事只問可為不可為？

當為不當為？而不去計較毀譽。當然，有的人小心謹慎，稍微有一點影響到他的美名，就像烏龜趕快把頭縮起來；有的人一有小小的建樹，馬上要功德榜，要排名。毀譽對人是很重要的，但是萬千人的利害何計個人的毀譽？反之，雖對自己百般利益，於良心、道德有虧，則又何能成為聖賢？所以聖賢要能不看一時的毀譽，而看未來的國家大事。

五、隱士不懼虎豹：有的人滿懷救世之志，卻忽然興起隱遁山林之念，因為社會上，尤其政治上的虎豹可怕。在山林裡也有虎豹，但是經驗告訴我們，凡有謙讓仁德之人退隱山林，山林的虎豹也不會傷害他。例如法融禪師與虎豹為伍，法沖大師感動猛獸讓出巖穴，此種隱士因為心中慈悲，所以遇到的一切眾生，都因他而慈悲。

六、智者不畏生死：世間上最可怕的就是死亡，但也有人不怕生死，那就是智者。「聖者不住涅槃，智者不住生死」，因為有悲智之心，人間來來去去，自由自在，當生則生，當死則死，如佛光如滿禪師說：「佛體本無為，迷情妄分別，法身等虛空，未曾有生滅。來為眾生來，去為眾生去，處處化眾生，猶如水中月。」這就是智者。

除了上述六種人之外，男女老少是人，士農工商也是人；救人救世的是人，被人救濟的也是人；作奸犯科對社會有負面作用的是人，樂善好施對社會有正面貢獻的也是人。千百種米，養出千百種人，聰明的人，你究竟要做那一種人呢？

分享

各位讀者，大家吉祥！

大自然裡，陽光照耀，帶給我們光明；空氣流通，供給我們氧氣呼吸。此外，我們可以上山，可以下海，可以看天上的白雲飄飄，可以欣賞地上的花草樹木，真感謝大自然分享給我們這麼多寶貴的東西。

世間上，跟我們有緣的人，也讓我們分享他們的所有，分享他們的財富，分享他們的慈悲。甚至不管有關係、沒有關係，我們都可以分享到人間的溫暖，分享到人間的成就。除此，我們還可以分享一些什麼呢？

一、分享知識與技術：我們能認識世間，能懂得人生，都靠著別人的幫助。例如，我加減乘除不會，老師可以教導我，讓我有很大的方便；我做人處事不會，父母、長輩、朋友都告訴我很多禮數。甚至我不會修理電燈，經別人指導，把保險絲換一下，電燈就亮了。新的電氣產品我不會使用，別人輕描淡寫的說明開關妙訣，我就能使用一切的機械家電了。文學的寫作、樂器的彈奏，別人的知識、技能，那一樣不能分享呢？

二、分享成果與歡喜：別人建了一棟房子，落成時請我到他家吃飯。好堅固的建築，好適用的布置，好美化的環境，好芬芳的花草，是他們所有，但也能讓我共享，是他們的歡喜，也能分享給我。朋友金榜題名、彩券中獎，他把喜訊告訴我，讓我分享他的喜悅，我也感受到無比快樂。假如沒有他們的分享，我怎麼能有這麼多的歡喜呢？

三、分享工作與經驗：我居家孤獨一人，生活無聊沒有意義，朋友叫我去擔任一份工作，跟他同在一個機關服務，並且告訴我如何工作，把很多經驗傳授給我，多麼美好的事！他是一位校長，要我教書，告訴我用什麼教材，教那一班學生，注意那些要點，如何讓學生歡喜上課；假如沒有他，我沒有工作，沒有人給我經驗傳承，我怎麼能夠擔任教師呢？所以，我們在世間上，要靠別人才能生活下去，因為所有的一切平安順利，都是別人分享給我的。

四、分享擁有與心得：張先生負笈外國，十幾年的時間，回國後當我們的教授，他擁有的知識、心得，是多年的辛苦累積，一下子對我們傾囊相授。李先生建了一棟大樓，看似對我沒有關係，但是有一天路過，忽逢滂沱大

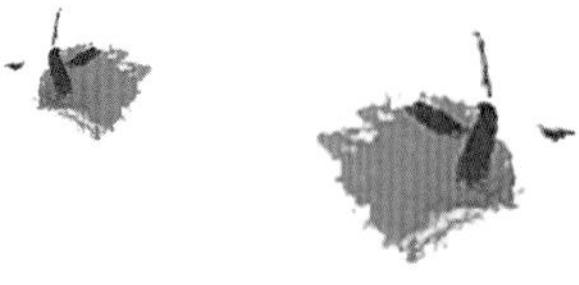

雨，我也可以到他的走廊躲雨，感謝這棟大樓。小王擁有一輛汽車，因為是朋友，早上上班時，他感覺一個人乘坐太可惜，要我同車一起上班；隔壁鄰居訂閱的報紙，看過之後送給我看，讓我分享很多新聞。中午到餐館吃飯，結帳時，櫃台說：剛才有一位謝先生已經替你付款了；回到家裡，接到朋友的信件、電話，都能讓我分享他們的所知、所有，分享他們的心得、喜悅。

世界真是美好無比，人們真是多情多義！在人間，我靠著分享，日子就能過得既充實，又有意義。

幻想

各位讀者，大家吉祥！

人要有「思想」，有思想才能產生智慧。不幸的是，一般人常常只是「妄想」，談不到「理想」，更不能成為「思想」。妄想多的人，自己製造很多的「幻想」，但是幻想不能成為事實，徒然空費人生，實在可惜。什麼是幻想呢？例如：

一、**幻想不勞而獲**：世間上的事情，都要靠自己辛勞付出，才能有所得，就算是黃金隨著潮水流來，也要自己動手把它撈起，因此不勞而想有所得的人生，就如「緣木求魚」，是不可能的事。

二、**幻想不種而收**：胡適博士說：「要怎麼收穫，先那麼栽」，沒有栽種，如何能收成？沒有春天播種的因，如何能有秋天收成的果？

三、幻想一夜致富：有的人幻想「一夜致富」，除非是幸運中獎，或是《聊齋誌異》裡的仙狐怪談，否則真實人生裡，不可能有一夜致富的人。

四、幻想不學而成：世間上有很多事是別人代替不得的，例如，別人吃飯，自己不能當飽；自己的生死，別人替代不了。乃至別人不能代替自己走路、學習等，所以不要幻想不學而成；相對的，自己學得的知識、技能，也是別人偷不走的財富。

五、幻想連番升官：人的欲望是無止境的，尤其做官的人，「七品五品皆嫌小，四品三品仍嫌低；一品當朝為宰相，又想君王做一時。」

其實人有正當的欲望也不錯，可惜的是只有幻想而沒有實踐，到最後真是「總總妄想無止息，一棺長蓋抱恨歸」。

六、幻想一步登天：人生有很多事不能躐等，一定要按部就班，例如不能一步登上二樓、三樓，那又如何能「一步登天」呢，所以凡事要循序漸進，要腳踏實地的去做，光是幻想，不能成為事實。

七、幻想無為而樂：有的人自己毫無作為，只想貪求快樂。自己沒有努力付出，如何體會辛苦所得的快樂？自己沒有智慧，沒有福德因緣，快樂又從何而來？就算祖先留下一些財富，如果自己沒有作為，也禁不起坐吃山空，就算能獲得短暫的快樂，也維持不久。所以人生必須經過自己辛苦的努力經營，才能獲得快樂；幻想是「苦因」，如何能有快樂的結果呢？

八、幻想不修而證：「一分耕耘，一分收穫」，沒有六年的苦行，那有釋迦佛陀？沒有八月舂米，那有六祖惠能？沒有九年面壁，那有達摩祖師？沒有三十年不出廬山，那有慧遠大師？每一個偉大人物，都是經過多少的辛苦，所以「不修而證」雖然是佛教修行的最高境界，但在事相上，有多少修行，就有多少證悟，這是不容置疑的事實。

總說上述種種「幻想」，都是不容易成為事實的「妄想」，所以人不能活在「幻想」裡，人生要活在「實際」的現實社會裡，能與時代的脈動緊緊結合在一起，才能活得踏實，活得真實。

以水爲師

各位讀者，大家吉祥！

世界上什麼最可愛？有人說：大自然最可愛。大自然裡，高山流水、平疇綠野，乃至藍天白雲、晨暉夕照、鳥叫蟲鳴、花草樹木等，都讓人賞心悅目，也讓人師法學習。

大自然裡有什麼值得吾人學習的呢，茲以水為例，略述如下：

一、**向滴水學習**：滴水雖微，可以穿石，滴水雖小，可以匯聚成洋。不可以小看一滴水，「楊枝一滴真甘露，灑得山河大地春」，一滴水可以滋養樹木成長，可以讓花朵開放。日本有位禪師以「滴水」為名，因為他在無意間把一盆水隨手倒掉，師父生氣的責備他：「一滴水可以供人解渴，一滴水可以滋潤大地、萬物，你怎麼可以隨便把一盆水倒棄呢？」弟子不敢申辯，想到一滴水有無限的生命，因此改名為「滴水」，表示向滴水學習。

二、向溪水學習：山澗的溪水一般不受人重視，但是溪水最乾淨，溪水最清涼。潺潺的溪水，它沒有洶湧澎湃的氣勢，它只在山間林野輕輕的流淌著，那麼怡然自得，從不與人爭。我們不要看一溪清淺的流水，在它流經之處，遇山，山不轉，沒關係，水轉；遇石，石不轉，沒關係，水轉。小小的溪水，它不和人對立，此處不讓路，我自有他處去，所以溪水不休不息，一路流向海洋，終能成就汪洋之浩瀚。

三、向河水學習：在江河湖海等各種水域當中，河水不大不小，它不和海洋爭大，也不捐棄涓涓細流。河水供人使用，你挑水回家，洗菜掏米，我都願意幫忙；你用來生飲熟喝，我都樂於奉獻；你就近到河邊洗衣沐浴，或是抽取河水灌溉農田，我都隨緣服務。無論你用河水作任何用途，我都毫無怨言，只是我有一個呼籲，就是不要把垃圾、廢棄物倒進河川裡，因為保持河流的清澈，才能帶給現代人美好的生活環境。

四、向湖水學習：世界上的湖泊很多，湖泊有蓄水、防洪、調節氣候，乃至旅遊觀光等功能。有名的尼加拉瓜瀑布，就是由五大湖水匯聚而成，所以能夠終年奔瀉不停。中國的名湖也很多，西湖、太湖、鄱陽湖、洞庭湖等，甚至在青海、西藏高原等地方，也有很多湖泊，例如納木措湖、瑪旁雍措湖、羊卓雍措湖，並稱為西藏三大聖

湖。此中尤以納木措湖被評為中國最美五大湖之一，美麗的湖光山色，為人間平添無限的生機。

五、向海水學習：江海之大，人們形容為「江無邊，海無角」，可見江海之深、之廣。江海之水終年流瀉，澎湃不停，它提供各種客商往來，以及物質運輸之方便。由於水上的交通比陸路更為方便，所以自古以來，凡是靠江、靠海的城市都比較繁榮、富裕。江海不但為人類找尋出路，帶來財富，也讓人類的文明相互交流，迅速發展。但是江海本身從來不會去攀龍附鳳，尤其江海的廣闊、包容，任你怎麼使用，它都不會推拒，所以水的美德，真是值得吾人學習。

失敗

各位讀者，大家吉祥！

失敗是很難堪的事，個人失敗就已經很令人懊惱了，有時候讓團體失敗，更是情何以堪！

一場體育競賽，勝敗乃兵家常事，何妨學習「志在參加，不計勝負」的奧林匹克運動精神。一場賭博，所謂「十賭九輸」，輸錢是必然的結果，事先就應該有心理準備。但是，如果是戰場上的失敗，關係人命存亡，商場上的失敗，關係大眾錢財得失，問題就比較複雜了。

失敗，人所不欲也，面對失敗，不是沮喪、懊悔，而是要探討原因。失敗的原因不外乎：

一、沒有全盤計畫：現在有人熱心教育，著手興辦學校，就算有了土地、校舍，還要懂得你的資金從那裡來？你的學生如何招收？你的課程有些什麼內容可以作為號召？甚至你在教育部有登記、備案嗎？所以，辦教育要有辦教育的全盤計畫，正如開工廠要有開工廠的全盤計畫。甚至你熱心興辦孤兒院、養老院，也都要有全盤計畫。做事沒有全盤計畫，就如同桌子少了一隻腳，桌子就沒有用，你計畫裡少了一個骨架，就不能成功。

二、沒有縝密思考：無論是做人做事，都要有縝密的思考。佛經形容，人的本性、能量，其大無比，這個能量「橫遍十方，豎窮三際」，但是你的行事，有「橫遍十方、豎窮三際」嗎？平時你的朋友、關係人，甚至你的長輩、下屬，他們對你的所做，都能了解、支持嗎？有時候你正在創業，你的長輩隨口一句「我不知道」、「他沒有跟我說過」，別人一聽，你的長輩都不支持，他即刻就會袖手旁觀。或者你最大的關係人，他也說不知道；你沒有想到他，他就會扯你的後腿，這都是做事沒有縝密思考，致使事業功敗垂成！

三、**沒有豐富經驗**：初創業的人，經常都會遭到失敗。例如，有些民意代表初次參選，因為沒有經驗，難免失敗。初次開辦工廠、經營飯店，甚至從事公益事業，也不免會有失敗的時候。因此，年輕人創業，不妨跟隨前輩多方學習，體會其經驗，看別人遇事時如何分析、如何研判？當自己經驗豐富了，就不致於上當吃虧，就不會遭致失敗。

四、**沒有衆議基礎**：商業上的失敗，不是投資的資金不足，就是產品不受人歡迎。選舉的失敗，都因沒有獲得大眾的支持，選票不夠。你要推行一個計畫，必須要有眾議支持，所謂「三個臭皮匠，勝過一個諸葛亮」，無論什麼事，經過了會議的程序，經過多人的參與籌備，所有相關內容，都能充份獲得眾人一致贊同，大家分工合作，然後再有能幹的人出面主其事，就能順利發展，否則失敗不免隨之而來。

五、沒有領導中心：有的企業團體，所以失敗的原因，是因為合夥人相互不服，沒有眾望所歸的領導，彼此容易產生不同的意見，加之沒有人從中仲裁，就會不歡而散。一個人民團體，一個宗教事業，一個公司行號，都要有領導中心，在人事安排上都能協調得宜，前方戰場又有大將指揮，軍心鞏固，萬眾一心，當然不致於失敗。所以，創業的青年朋友們，在年輕時就要建立起領導中心，至為重要！

平等的眞義

各位讀者，大家吉祥！

現在舉世對「和平」的口號喊得震天價響，但要想獲致真正的「和平」，事實上並不容易，因為和平的前提，必須要能「平等」。現在世界上的強弱、貧富、大小，能平等嗎？沒有互相尊重、包容、平等，基本上是不能和平的；如果真要達至和平，唯有建設平等觀、無我觀，才能成功。例如，每一個人的觀念裡，都有自他平等、事理平等、性相平等、空有平等、生佛平等，乃至男女平等、種族平等。

所以，平等要從「無我」做起，我大你小，我有你無、我富你窮，當然不能平等；必須提升自己具有平等觀，則事物就能平等，人我就能平等。因此，世間上的人都要學習偉大的人，乃至偉大的事、偉大的物，才能促進人間的平等，共創世界的和平。茲舉其例：

一、太陽：太陽普照大地，只要你不遮蔽他，他的光熱就能照耀十方，太陽總是平等無私的普遍照顧大地萬物，所以被人歌頌為「永恆的太陽」。

二、空氣：大自然的空氣跟陽光一樣，只要你不自我封閉，任何空間，不管空曠、狹窄的地方，空氣都能流通，滿足每個人的呼吸、生存之所需。

三、流水：水是維持生命不可缺乏的要素，不管長江、黃河，甚至世界五大洋，他們都毫無揀擇、分

別，供給大地眾生的需要。尤其流水有時候被太陽蒸發成為蒸氣，之後又經空氣凝結化為雨水，普灑大地，普潤萬物。

四、大地：大地能生長五穀，能普載眾生，尤其任人踐踏而默默無言，無怨無悔的承受一切，平等的供萬物在大地上居住、生活，大地孕育我們，成長我們，所以人類視大地為母親。

五、佛陀：佛陀和太陽、空氣、流水、大地一樣，有平等的觀念，所以佛陀喊出「四姓平等」，沒有階級之分。

六、無我：太陽、空氣、流水等是平等的事物，佛陀是平等的聖者，「無我」則是平等的真理；能有「無我」的真理，了解世間一切都是因緣所成，則和平將不再是可望不可及的理想。

現在喊和平口號的人，我們先要請問他們：你能像太陽一樣普照大地嗎？你能像空氣一樣普及一切嗎？你能像流水一樣普潤萬物嗎？你能像大地一樣普載眾生嗎？你能像佛陀一樣普度十方嗎？你能有緣起性空的無我真理嗎？如果能以此為基礎，則「和平」才不會是空洞的口號，而能有實現的一天。

總之，和平如果沒有以上這些事物的偉大精神，以及有佛陀的偉大聖格、無我的偉大真理，要想達到世間和平，無疑癡人說夢話，只是徒呼口號而已。所以，有心促進和平的人，首先要等視一切眾生，千萬不要看輕別人；有平等心的人、事、物才能偉大，偉大，才能受人歡迎、尊敬。

本能

各位讀者，大家吉祥！

每個人都有天生的本能。眼睛自然能看，耳朵自然能聽；看，聽，就是人的本能。手能做事，腳能走路，這是手腳的本能。人能做很多事情，本能以外，還有潛能。人的聰明才智，有很多還沒有發揮出來的潛能，甚至還有性能，那就是成就如來「佛性」的「能力」。

現在只就淺顯的「本能」，略述人到底具有那些本能。

一、**適應環境的本能**：有的人出生在寒帶地區，已經適應了寒冷的環境，可是忽然到了熱帶地方，最初可能不習慣，經過一段時期的本能適應，慢慢的也能克服氣候的炎熱。氣候上的冷暖寒熱，人都有適應的本能，乃至生活裡，飲食的酸甜苦辣，工作的粗重細活，也都有適應的本能。一個人能發揮本能適應環境，則天下之大，那裡都可以居住。有的人喜好住在山上，有的人愛好住在水邊，有的人樂住森林小居，有的人愛住都市高樓；人類都有適應環境的本能，不能適應環境，就會被環境所淘汰。

二、**接受苦樂的本能**：有的人處在順境裡，感到歡喜快樂，忽然遭遇不幸，在苦難的環境裡他也能生存，因為人有接受苦難的本能。在苦難的生活裡，一下子忽然時來運轉，可以享受快樂的生活，在快樂裡，他也有適應快樂的本能。本來是受盡父母寵愛的女兒，一下子轉變成服侍公婆的媳婦，兩個迥然不同的身分，但是他總有適應的本能。本來是大公司的老闆，時運不濟，忽然蝕本倒閉，只得成為人家的伙計，他也能適應，也有做伙計的本能。月賺千萬當然能夠生活得非常舒服，月入上萬，一樣也能捱過苦難的日子。剛剛參加歡樂的聚會，轉身就遇到痛苦不堪的打擊，在苦樂的環境裡，人都有本能適應。是苦是樂，在人的本能裡，也不算是什麼一回事。

三、克制欲望的本能：人生最大的動力，就是欲望，但是欲望太多，也是最大的痛苦。當欲望沒有止境的時候，加以克制，加以淡化，加以去除，這也是人的本能。世間的欲望，金錢、愛情、飲食，都是有限的，而欲望是無窮的；以有限的物質，想要滿足無限的欲望，這是非常困難的事。只有靠人類發揮克制欲望的本能，在色聲香味觸等五欲之前，能夠節制，能夠滿足欲望而不被欲望所支配，那就要看個人的本領了。

四、處理情緒的本能：人類都有七情六欲各種情緒，遇到順境則喜，遇到逆境則怒；一句好話使我們眉開眼笑，一句評語可能讓我們立刻怒氣沖天。喜怒哀樂的情緒攪亂我們的心湖，讓我們的心情不得平靜，如此怎麼能有安穩的人生呢？好在人類有克制情緒的本能，當狂歡喜樂的時候，他能不動聲色，克制自己的情緒；當遇到萬分不幸的遭遇，他也能含著眼淚，不讓自己悲哀的情緒在人前顯現，所謂喜怒哀樂不形於色，這是人類最大的本能。

五、**降伏貪瞋的本能**：人對喜愛的就起貪心，對不愛的就起瞋心，所以愛與不愛，擾亂了人的正常心情。假如能對所愛不起貪欲，對不要的也不起瞋心，把愛惡貪瞋，用平常心處理，用本能來分別克制。例如當貪心生起時，用喜捨的本能去對付；當瞋念要來的時候，用慈悲去應對，則人生必能活得自在安樂。

總之，外在的環境是變化的，我們的本能要在「心隨境起」時，化解它、處理它，才是人類應有的本能。

本錢

各位讀者，大家吉祥！

俗語說「偷雞也得準備一把米！」世間上沒有免本錢的生意，任何事業都得投注本錢，因為有因才有果。就像一粒種子，可以長成一棵大樹，結出萬千果實，但也得有當初的一粒種子，才有後來一本萬利的收成。因此，人生凡事都要有本錢，有本錢才能開展人生。

人生有些什麼本錢呢？

一、勤勞耐煩是青年創業的本錢：年輕人都希望自己有力量創造一番事業，

能夠改善生活環境。但這不是憑空想像就能成就，也不一定要靠金錢才能成功，最重要的是，要勤勞耐煩，這是青年創業的本錢。有個故事說：父母臨終前告訴兒女，葡萄架下藏有黃金。兒女每天在葡萄園裡努力挖土，尋找黃金。結果黃金沒有挖到，但是葡萄園裡的泥土經過一再翻鬆，葡萄長得又大又甜又美。這時候兒

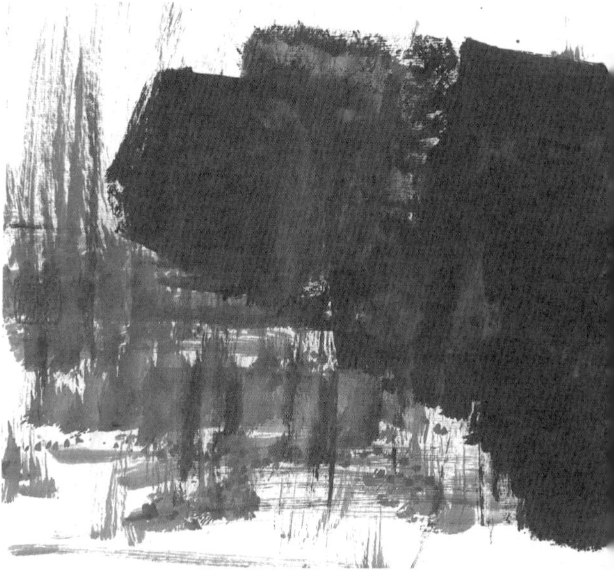

女們終於知道，父母是在告訴他們，勤勞耐煩就是創業的本錢。

二、**溫柔賢慧是婦女持家的本錢**：《大學》說：「古之欲明明德於天下者，先治其國；欲治其國者，先齊其家；欲齊其家者，先修其身……」意即人要先「修身」，然後「齊家」，之後才能「治國」、「平天下」。修身、齊家背後有一重要的人物，就是家庭主婦。所謂家有賢妻，丈夫可免後顧之憂。一個家庭裡，雖然每一個分子都是家庭的中心，但是善良賢淑的家庭主婦，更是齊家之本。

三、**政通人和是國家富強的本錢**：社會的和諧，國家的強盛，要靠全體國民協助內外，將國家治理得政通人和，才能使國家對外具有競爭力。俗云：「家不和，被鄰欺」，何況一個國家，如果國民不團結、不愛國，政令不行，社會互相對立，政治人物互相鬥爭；鬥爭只會削弱國家的力量，受害的是全體人民。所以，大家應該把鬥爭的力量，轉移為各自努力，成為投資的本錢，不要做國家的消耗分子。國家就如一棵大樹，必須靠大家同心協力，為大樹施肥、灌溉，讓大樹茁壯，才能結出纍纍果實，才能分享國人，何必鬥爭而同歸於盡呢？

四、行佛結緣是眾生成佛的本錢：佛教講「眾生皆有佛性！」亦即人人都可以成佛。雖然人人皆可成佛，也都有成佛的願望，但是成佛作祖並非一蹴可即，而是需要「三祇修福慧，百劫修相好」，須經累劫的修行、結緣，才有成佛的一日。根據佛經所載，如果持五戒，不亂殺，不亂取等，就能再生人間；如果修十善，有布施的功德，有禪定的功夫，就能生天上。假如能在人間行佛、結緣，例如對社會多做一些服務貢獻，對大眾多結一些善因好緣，如此經年累月不灰心、不懈怠的行佛結緣，何患不能成佛作祖呢？

生兒育女

各位讀者，大家吉祥！

天下所有的父母，都把生兒育女、傳宗接代，當成是應盡的責任。兒女是未來的希望，是家業的繼承人，更是父母心頭的一塊肉。只是有的人生養了好的子女，光大門楣，榮宗耀祖；有的人兒女不肖，成天遊蕩，惹事生非，父母光是處理他們在外所製造的麻煩，就已經不勝其苦了。

也有的人，兒女不肯讀書，父母望他成龍成鳳，又徒歎奈何！有的兒女不務正業，好吃懶做，父母責罵，又有何用？當然，也有孝順的兒女，承歡膝下，體貼感恩，這就是父母最大的欣慰了。

生兒育女雖是父母的天職，但是兒女有的是來報恩的，有的是來討債的。當然，所有父母都希望兒女是為報恩而來的，所以他們希望生養的兒女，最好能具備以下條件：

一、是善因善緣的兒女：蘇東坡說「人皆養兒望聰明」，兒女的聰明才智高低，難以計較；能夠生個有善因善緣的兒女，倒是比較重要。如宋朝呂蒙正經常在佛前祈求：「不能皈敬三寶，沒有善因善緣的人，不要投生到我的家裡來。」因為有善因善緣的兒女，不需要父母太為他操心，他本身就具備條件，善緣好運就能為他帶來好的前途了。

二、是福慧兼備的兒女：世間上的人，福慧往往難以兼備，有的人有福報，但沒有智慧；有的人智慧高，但福報不夠。學佛的人皈依三寶，所謂「皈依佛，二足尊」，就是指釋迦牟尼佛福慧具足，所以

是人間至尊至貴的人。父母生兒育女，是男是女都不重要，重要的是福慧雙全。過去中國人「只重生男，不重生女」，但是當楊貴妃「一朝選在君王側」，舉國父母都「不重生男重生女」。所以不管男女，福慧具足最為重要。

三、是端正有相的兒女：在佛教的《普門品》裡提到，假如信仰觀世音菩薩的人，希望求生福德智慧之男，當然可以所求如願；如果希望生個端正有相的女兒，也能如願以償。因為男孩子智慧重要，女孩子相貌重要；如能把自己所看重的，所在意的，祈求菩薩加被，圓滿如意，必然更增自己的信心。

四、是諸根具足的兒女：今日社會，有一些父母生養了先天殘疾的兒女，不管五根不全，或是智能不足，乃至先天臟器病變等。可憐的父母，捨子不忍，因為總是自己的兒女；養子艱難，有很多父母為了殘障兒女，苦了一生一世，從未享受到人間的富樂，每天只為殘障兒女做牛做馬，數十年的人生就這麼陪著殘障兒女消磨殆盡。所以，兒女諸根具足，是父母最基本的願望。不過今日社會，殘障兒童還是很多，因此如果社

會能有公益機構，集中照顧，專案教育，使那些生有殘障兒童的父母，減少身心的痛苦，實在是有其必要。

五、是身心健全的兒女：人最大的幸福，就是身心健全，諸根俱足。可是人的因果業報，各自不同，有的人先天殘障，固然值得同情；有的人生來五體健全，但是思想灰暗，悲觀消極，不但自己活得不快樂，也讓家人跟著受累。所以生養一個身心健全的兒女，就是父母最值得安慰的事。

其實，人生除了自求多福以外，別人又能奈何呢？有的人「身在福中不知福」，一旦到了福報享盡，有所殘缺的時候，悔之已晚。所以人在健康的時候，要能愛惜健康，愛惜福報，愛惜未來，要用健康的思想面對人生，千萬不能讓人生在無謂的煩惱中空過。

卷二

生命的層次

生命，是結合宇宙萬有所共成，
然而每一個人的生命，
是要活出成聖成賢的生命，
還是與草木同腐朽的生命？
是要活出與宇宙同體的生命，
還是活成自生自滅的生命？
就看個人如何塑造了。

生命七件事

各位讀者，大家吉祥！

過去的家庭主婦，每天從早到晚忙著一家人的三餐飲食，生活裡時時都離不開「開門七件事」，也就是柴米油鹽醬醋茶。所謂「民以食為天」，生活上的開門七件事，其實就是生命交關的七種資糧，略述其義如下：

一、柴——生命的熱力：中國人向來習慣以熱食為主，上古時代，先民發明了火，這是對人類的一大貢獻。利用柴火，把東西煮成熟食，這就好比生命中的熱力。人畢竟不是冷血動物，人類生命的意義，要講究熱力，有熱力才能動員，有熱力才能前進，有熱力才能向上，有熱力才能有所作為。所以，一個人的生命中，不能少了熱力，就如一個家庭中不能沒有柴火一樣。

二、米——生命的資糧：人要維持生命，必須靠三餐飲食。人類的飲食，主要有五穀雜糧，其中又以米食居多。米煮成了飯，飯食供給人體所需的熱能，讓人能生存下去，不致於像打野食的動物，有一餐沒一餐的，如果生活不正常，性格自然難以溫和。

三、油——生命的滋潤：機械少了機油的潤滑，轉動不靈活；人的身體裡，少了食油的養分，營養不均衡，缺乏體力，就像機器運轉不順，所以食油也是生命中不可少的重要成分。

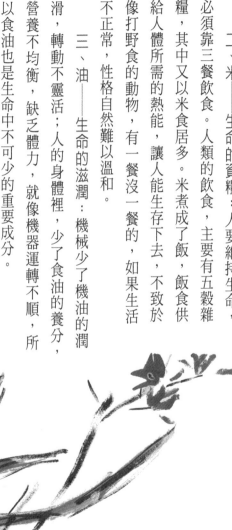

四、鹽——生命的動力：任何美味的佳餚，都少不得加一點鹽巴。我們不能小看一點點的鹽巴，它不但能使飲食更加美味，尤其人體如果缺少鹽分，甲狀腺機能失調，甚至失去生命的動力，所以不容小視。

五、醬——生命的佐料：一道菜，有時加一點醬料爆炒一番，不但色澤更美，而且更加香氣四溢；一盤美味的佳餚，有時再沾一點醬料，更加的可口下飯，所以醬是三餐不可少的佐料。就像我們的人生，不能永遠一成不變的生活，偶爾做一些調劑，可以讓人生更加多采多姿。

六、醋——生命的免疫：醋是酸性的，一般人以「吃醋」形容女性的嫉妒，所謂「醋性大發」。其實在我們的生命裡，吃醋可以增強身體的免疫力，而不致於經常患病，所以三餐偶爾也要吃一點醋。

尤其喜愛麵食的人，加一點醋，味道鮮美無比；主婦做菜時，加一點醋，更增美味。醋的可貴，不容曲解。

七、茶——生命的品味：西洋人喜歡喝咖啡，東方人喜歡喝茶；咖啡的刺激性，不若茶的溫和滋潤。中國人為了提倡喝茶，發明了茶道，客人來了，都會請喝一杯茶，以示禮貌。茶有消暑解渴、清痰潤喉的作用。一個家庭裡，要常備柴米油鹽醬醋等，同樣也要備上一杯茶，除了待客交際，有時自己疲勞了，清茶一杯，藉著喝茶，稍事休息一番，不但蓄積生命的能量，同時也品評一下生命的味道。

中國人的開門七件事：柴米油鹽醬醋茶，不但是生命的資糧，也是人生的動力；假如生活中沒有了這些能源，生命就失去動力。因此，對於人生的開門七件事，千萬不能小看它。

生命四層次

各位讀者，大家吉祥！

隨著時代進步，現在社會已漸漸懂得關心「生命」的議題。從過去只重視「天命」、「皇命」、「父命」，到了現在能關心一切眾生，乃至大地山河皆有生命；「生命學」為今日社會所研究、提倡的重要課題，這是值得欣喜的事。

生命，是結合宇宙萬有所共成，然而每一個人的生命，是要活出成聖成賢的生命，還是與草木同腐朽的生命？是要活出與宇宙同體的生命，還是活成自生自滅的生命，就看個人如何塑造了。

茲將生命分為四個層次，略述如下：

一、自私自利，苟且偷生的生命：一個人的生命，如果只想到自己，不懂關心他人，甚至連父母都不孝，兄弟也不友，對國家社會不但沒有「體膚共存」的理念，甚至對自己的同胞「同類相殘」，為了維護一己之生命，不惜殘害其他諸多之生命，是為生命中的敗類。因為社會上有這種自私自利，藐視法律，違法犯紀之人，所以國家要有司法，要建設監獄，要浪費不少社會成本，真是可惜之至。

二、漠不關心，待人冷淡的生命：有的人雖然不至於違法犯紀，但是為人生性冷淡，對社會大眾漠不關心，對社會的福利、人權的存危，一概無動於衷。他只關心個己的生存，殊不知如果沒有大眾，如何有自己？沒有士農工商的因緣，自己如何能存在？人類不能離群獨居，我們的一切都仰賴全宇宙萬有供給才能存在。因此，父母師長、社會大眾給我們多少因緣，我們能不回饋別人的因緣嗎？

三、惜緣惜福，有益人群的生命：以上二種人都不健全，第三等人就比較像個人了，因為他懂得愛惜世間因緣，也很珍惜自己所擁有的福報。他把自己與他人的生命結合在一起，所以自己得到多少，也肯得付出多少。於是有的人用體力為人群服務，有的人用智慧為社會奉獻，有的人用心力為人類祝福。這個世界，就是靠著這許多像樣的人在行人道，發展人的本懷，乃至在社會各界，孜孜不息，努力於造福人群，所以社會才能正常發展，否則人間真是不堪設想。

四、犧牲奉獻，同體共生的生命：世間上，許多人默默在為人間奉獻，例如一些修橋鋪路的善人、冒險拓荒的能人、創造福利的仁人、維護公眾安全的俠士，他們有的著書立說，有的出錢出力，有的研究發明，有的甚至自我犧牲，把一生的歲月、時間，奉獻給人間共有。所以，抱有「同體共生」之觀念的生命，給予無緣的大慈，施以同體的大悲，像佛陀、菩薩，以及其他宗教的教徒，犧牲小我，完成大我的志士仁人，這種生命才是最崇高偉大的生命。

我們每一個人都有生命，在生命的層次裡，自己是屬於那一種？不妨三思。

生命在那裡？

各位讀者，大家吉祥！

每個人都有生命，有生命才能生存，但是如果提出一個有趣的問題：「生命在那裡？」那就不是人人都能回答的。生命到底在那裡？答案如下：

一、生命在活動裡：無論什麼東西，只要是會動的，我們都說他有生命。人死了，就算有身體，但不會活動，就說他沒有生命跡象了。也不一

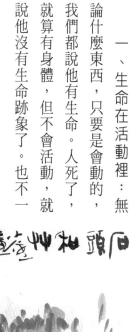

定是人類，就拿植物、海藻來說，他們有生長，有活動，就算是跟人的生命不同，但也有生機，我們仍然賦予他們生命，認為他們有生命的現象。

二、生命在呼吸間：佛陀說「生命在呼吸間」，人死就是呼吸停止了。有呼吸才有生命，所以一些溺水、懸梁的人，我們要搶救他們的生命，第一步都是先讓他們恢復呼吸。

三、生命在循環中：人的生命，是靠種種的因緣維護，尤其是循環系統，這是維護生命的重要根本。例如，血液循環、新陳代謝、日夜輪轉、勞逸均衡、呼吸通暢等；假如循環系統出了問題，要讓生命繼續維持，就有困難了。

四、生命在攝取時：生命的存在，最重要的就是要攝取養分，所以要日食三餐。有時飲食不夠，還要吃各種滋補的藥物，甚至嘴巴吃東西之外，眼睛也要攝取綠色草原為養分，耳朵要攝取柔美聲音為養分，鼻子要攝取新鮮空氣為養分，舌頭要攝取各種美味為養分。就是害病了，眼耳鼻舌都不能吸收養分，醫生就病情的需要，也會替病人打營養針，補充他所需要的各種養分。甚至人的皮膚，也要有潤膚液的滋養，假如不能攝取這些滋養的人，生命也就維持不下去了。

五、生命在群眾中：生命是不能單獨存在的，要靠其他生命相互依存。例如，肚子餓了，要靠農夫耕種糧食來充飢；天氣寒冷了，要靠工人織布為衣來禦寒。人類都喜歡群居，相互照顧，以策安全。一個有生命的活人，他的親朋好友絕不忍心讓他孤單一個人，在一個地方孤獨的生活，除非他沒有生命了，埋葬在荒郊野外之中，所以有無生命，群居的關係非常重要。

六、生命在大地上：生命在那裡？在大地上！活人固然要在大地上走動，沒有生命的屍體，也要大地的一抔之土給他埋葬。游魚在水中悠遊的生命，也要依賴大地；虎豹野獸雄踞在山林，也要依靠大地；飛鳥棲息在樹林之上，樹林也要大地生長。離開了大地，沒有空中樓閣，離開大地，沒有懸在空中能生存的生命。

所以，生命在那裡？生命在因緣和合之中，生命在大地萬有之中。

生命的擁有

各位讀者，大家吉祥！

在現實生活裡，一般人都希望擁有錢財，如果能夠擁有萬貫家財，良田萬頃，甚至兒孫滿堂，就覺得人生真是美滿無比。然而擁有錢財不一定幸福，金錢是水、火、盜賊、貪官污吏、不肖子孫等「五家共有」，就算擁有它，也是煩惱重重，危險不已。兒孫繞膝，雖是福氣，但有「福」必定也會有「氣」，所以也不是最好的擁有。那麼生命中應該擁有一些什麼？

第一、要擁有時間：佛經說：「生命在呼吸間」。有時間才有生命，沒有時間就沒有生命，所以有時間的人要愛惜時間，愛惜時間就是愛惜生命；不守時，不惜時，浪費時間就是浪費生命。中國俗諺有謂「閻王叫人三更死，絕不留人到五更」，所以當我們擁有時間、享有生命時，就要好好利用時間，為人服務、奉獻，讓生命發光發熱。

第二、要擁有安全：安全是生命最基本的需求，因為擁有財富，財富不安全；擁有權利，權利不安全。擁有財富的人，容易遭人覬覦；擁有權利的人，容易遭人嫉妒、障礙。一般人為了要求得安全的生活，必須建房子，住在房子裡面才安全；出門行走時，道路要平坦才安全；航海的人要有救生艇才安全。但其實真正能保障人生安全的，要培福修慧，要積德行善，要有高尚的人格，這才是人生最好的保障。

第三、要擁有因緣：人是活在因緣裡，沒有陽光、空氣、水，乃至士農工商的助緣，生命就無法存活。例如有人因為沒有空氣而悶死，有人因為缺少溫度而冷死。生命要具足各種因緣才能生存，人要俱足各種因緣才能成事，所以做人要廣結善緣。

第四、要擁有希望：人的日子不是一天就過完的，也不可能天天是過年，在平常的生活裡，要擁有希望，有希望才有動力。尤其人要有未來，有未來才有希望，人是活在希望裡，為什麼有的人會自殺？就是因為沒有希望。小孩希望長大，青年希望創業，老人希望兒孫成才，窮人希望致富，凡人希望成聖；有希望才有未來，有未來，生命才有存在的意義與價值。

所以，人不一定要擁有一時的、有限的金錢財富，最重要的是擁有時間、安全、因緣，以及無限的希望與未來，這才是人生應該擁有的寶藏。

生病

各位讀者，大家吉祥！

房子有了白蟻，這是房子病了，必須防治；經濟蕭條，這是經濟病了，必須提振。世間上的人事物都會生病，病了就要醫治，否則國家病了，全國人民都會受苦受難；政治病了，人民受到的迫害，必然無以復加。人生萬事都會生病，茲舉其例：

一、語言生病了：有的人說話，所謂「狗嘴裡長不出象牙」，說不出一句好話，每說一句話，都會侵犯別人，讓人不歡

喜；有的人說話，語言裡總是帶刀帶劍，讓別人受到傷害，當然不甘心接受。所以，人間的和諧，常因為語言有了毛病，造成人我之間的矛盾。

二、身體生病了：人的身體，年輕時或許還能抵擋百病，但是一到老年，百病叢生。眼睛看不清景物，耳朵聽不清聲音，牙齒動搖了，骨頭鬆動了，甚至五臟六腑都跟著毛病百出。這時候的人生，只有回憶往昔，感歎青春消逝之快，要想等著下一個春天，不知要到何時？

三、心理生病了：人心的毛病，可能比身體之病有過之而無不及。奸刁、狠毒、猜疑、嫉妒、尖酸、刻薄等，心裡有了這些毛病，專想害人，就像傳染病一樣，馬上傳染給別人，讓別人也深受其害。一個人語言有了毛病，還有人指正；身體生了病，也可以找醫師治療；心理有了毛病，別人看不出來。但是「明槍易躲，暗箭難防」，心理生病的人，不知何時會發出暗箭傷人，真是讓人防不勝防。

四、社會生病了：人心不好，影響所及，整個社會風氣必定跟著敗壞，例如社會缺乏正義、公平，強權欺負弱小，富人壓榨窮者。在這樣的社會裡，官員們這個貪污腐化，那個腐化貪污；社會人心這邊傷風敗俗，那邊敗俗傷風。整個社會烏煙瘴氣，讓人生活在其間，毫無快樂可言，甚至生命財產都沒有保障，人人自危，每天活得心驚膽顫，不知何時會遭遇不測，真是度日如年。

五、輿論生病了：社會所以病重，原因是社會沒有公正的輿論。政治人物每天搞口水戰，財經人士大搞暗盤交易；社會上的好人好事俱不表揚，私人敗德之事大肆渲染。明明是狗咬人，他就是不講真話，偏要說人咬狗才聳人聽聞。這樣的社會輿論，人民不敢苟同，不能信賴，但是除了徒歎奈何以外，也是束手無策。

六、世界生病了：現在舉世人類面臨了一個共同的浩劫，那就是「世界生病了」！現在的世界，只有強權，那裡有公理？只有強弱，那裡有平等？世界上的國家，不但政治、社會生病了，甚至自然界也生病了。自然界的山川河流，森林草原，因為人為的破壞，濫墾濫伐，過度開發的結果，大自然已經沒有正常呼吸的空氣；大自然受到人類無理性的侵略，已經「鳥難唱歌，花難開放」，尤其近年來日趨暖化的氣候，還不夠叫人憂心嗎？

總說「生病」，人有了生命，就會有病；病了就會老化，就會死亡。當然，凋謝的花朵結出種子，種子只要遇到因緣，還會再生。但是，我們不禁要問，今日世間上的好因好緣在那裡呢？

生涯規畫

各位讀者，大家吉祥！

學校的學生上課有課程表，機關的員工辦事有行事曆，人生也應該有人生的「生涯規畫」。

生涯規畫可以說是人生的企業，因為人從出生到受教育、成家立業，乃至面對老病死亡，都是生生不息的大事業，需要詳細的計畫和努力，並且付諸實踐，才能實現理想的人生。如孔子「十五志於學，三十而立，四十而不惑，五十而知天命，六十而耳順，七十而從心所欲不踰矩。」這就是孔子一生的生涯規畫。

現在的社會，也有愈來愈多的人懂得要做自己的生涯規畫，有的人把自己的一生規畫為做學問的人生，有的規畫為做事業的人生，有的規畫為從政的人生，有的規畫為修道的人生。

不管你是如何規畫自己的人生，重要的是，如唐伯虎先生說：「人生七十古稀，我年七十為奇。前十幼小，後十衰老，中間只有五十年，一半又在夜裡過了。算來只有二十五年在世，受盡多少奔波勞苦。」因為人生苦短，所以不能庸庸碌碌的盲目過一生，因此應該對自己的人生有所規畫。

下列十事，訂為「生涯規畫」，提供參考，從中可以測驗出自己人生的注意點為何：

一、兒孫滿堂的人生　二、功成名就的人生

三、錢財富有的人生　四、福慧雙修的人生

五、道德淡泊的人生　六、義行廣被的人生

七、觀光遊歷的人生　　八、結交善友的人生

九、讀書為學的人生　　十、山林隱遁的人生

以上的人生，有的講究道德，有的富有錢財，有的廣交益友，有的從事義行，有的終生與書為友，有的汲汲於仕途，有的可以山林隱遁，甘老泉下，有的歡喜觀光旅遊，世界去來。

其實，人之一生如何發展，都各有因緣，你找因緣，千難萬難，因緣找你，當下就是。所以，吾人何去何從？只問耕耘，只要結緣，人生的一切，那裡不能水到渠成？

因此，上述十種人生，大家可依自己的志向任選一、二。如果多方面發展，讓人生多彩多姿，未嘗不好。

生理

各位讀者，大家吉祥！

人的身體，包含了精神、心理和生理的現象。一般學子升上中學以後，由於身體不斷的發育、變化，這時開始就有生理教育、心理教育的課程。因為生而為人，不能對自己的身體茫然無知，所以必須透過生理教育，幫助我們對自己的身體有所認識。以下茲就「生理」的相關問題，略談如下：

一、生理衛生：中學生對生理衛生的知識，最是須要了解，因為隨著年齡漸長，生理機能不斷發生變化，自己要有所了解。例如，牙齒掉了，要懂得這是換牙，不必緊張；對生理或異性發生好奇，這也

是自然現象，不必罣礙。尤其對生理衛生，要學會自己料理，例如刷牙、盥洗等，再不能像兒時一樣仰賴父母幫助。甚至對生理器官，如眼、耳、鼻、舌、手、腳的保護，乃至腸胃內臟等，都要懂得保健。

二、生理疾病：人體上的內外器官，都會生病，我們看街上懸掛著眼、耳、鼻、喉科招牌的醫院到處林立，可見眼、耳、鼻、喉都會生病。甚至有牙科，表示牙齒也會生病。當然，還有內科，腸、胃、肝、膽，無一不需要保健，乃至皮膚病、香港腳，都需要有醫療護理的常識，如果對生理疾病一無所知，吃虧的當然還是自己。

三、生理時鐘：人體有一些現象，例如晚上要睡覺，早晨要起床，這不是單純因為疲勞不疲勞的問題，而是依生理時鐘指示，天黑要睡覺，天亮要起床。在睡覺的時候，雖然睡著了，生理時鐘也會告訴我們，什麼時候該翻身，什麼時候要起床大小便利。養成良好的習慣，生理都會跟我們合作，提供給我們很多訊息。

四、生理反應：身體有了活動，或是接觸外境時，會產生一些自然的生理反應，例如：天冷了需要穿衣，天熱了自然要吹風散熱；肚子餓了想吃飯，工作疲倦了想休息。生理的各種反應，當然也受到心理的指示，心如統帥，對眼耳鼻舌身都會加以統治、運用。心理如生理器官的操縱者，他會指示他們要這樣、要那樣，所以生理做好、做壞，心理都脫離不了關係，因此我們要重視生理的保健，更要注重心理的健康。

五、生理現象：人的身體不斷在成長、老化，所以兒童、少年、青年、壯年，乃至老年的生理，都有各種階段的變化。這是因為人體的細胞，不斷在新陳代謝。據專家的說法，人體的細胞，一個星期都要重新生滅一次，也就是七天一循環。因為新陳代謝，把不好的細胞汰舊換新，我們才能常保健康。但是隨著年齡漸長，新陳代謝能力愈來愈弱，生理機能也愈來愈衰退，這是自然的現象，所以不必驚慌。人的身體，就如一棟房子能住多久、一件衣服能穿多少時日，都有一定的限度。只不過保養得好，當然就能延長使用年限；保養不好，在時間之流中，加上心理的業力，都會或長或短，或功或過，還是難以料定。

六、生理承擔：人體好像一個村莊，裡面住了很多村民，為了供給村民的各項需求，人體的生理負擔自然很沉重。例如，為了經濟生活的需要，生理上的各部門必須多負擔一些工作。有時候不但要承擔粗重的工作，甚至還要加班，增加工作時間。不管村民要求這樣，要求那樣，生理都不能推辭。唯有生理和村民通力合作，共體時艱，共度患難，當生理和心理調和了，身體才能健康。也唯有身體和心理都健康，才能成為一個健全的人。

各種人

各位讀者，大家吉祥！

世間上有各種人，士農工商代表各種不同職業的人，貧富貴賤代表各種不同階級的人，男女老少代表各種不同年齡、性別的人，善惡好壞代表各種不同品德、操行的人。世間上的各種人等，很難一一細說，現在只舉一個團體中，或一次會議裡，常見的幾種人：

一、沒有主見的人：在一個團體的會議裡，有許多沒有主見的人，因為自己沒有看法、主張，你這樣說，他認為好，你那麼說，他也認為很對。沒有主見，沒有看法，人云亦云，被人牽著鼻子走，隨聲逐波，隨波逐流，這種人在團體裡，有也好，無也好，無關緊要，永遠只是一個默不出聲的聽眾。

二、立場不穩的人：有一種人，唯利是圖，沒有立場，也沒有是非對錯。你對他有利，他就舉手附和；對他無利，即使好事，他也可能反對。沒有立場，見風轉舵，出爾反爾的人，沒有是非判別，這種人永遠東風吹東倒，西風吹西倒。就拿當今的人來說，今日投向這個黨派，明日投向那個黨派，把個人利益擺在前面，把群體的利益放在後面，這就是沒有立場的人。這種人，成事不足，敗事有餘。

三、思想偏激的人：有一種人，沒有公平，正直的性格，只有偏激的思想，而且執著，不能隨眾合群。思想偏激的人，只知道執著一己之見，有己無人，不重視理

則，不重視圓融，不能群策群力，不能跟大眾合流，在一個公眾會議的地方，他可以跟你反目、辯論。這種人因為對事理的偏執，很難妥協，在團體裡也很難和人相處，只有令人望而生畏，除了對他「敬鬼神而遠之」，並無他方。

四、行事武斷的人：

還有一種人，不接納別人的意見，不顧慮大家的需要，自

己行事武斷，凡事自以為是。這種人如果沒有權力倒也罷了，假如權力在握，由於他行事武斷，不重視公議，不重視輿論，執著己意，武斷獨裁，如此一切事的後果也就可想而知了。

五、**沉默寡言的人**：有一種人，不喜歡表達意見，無論在任何場合，沉默寡言，只有聽人講話，自已不發一言，贊成的也不熱烈附和，反對的也不表達意見，只是隨眾而來，隨眾而散。這種沉默寡言的人，在會議場合，有他不多，無他不少。所謂集合眾議，群策群力，寄望於沉默寡言的人，實在是難有希望。

六、**智慧圓融的人**：在任何團體裡，最受人歡迎的，當然就是有智慧、處事圓融的人了。這種人說話事理兼顧，表達問題諸方圓融，所謂民主時代，講究的是少數服從多數，講究的是尊重包容，這就是民主的風度。一個團體裡，或一場會議中，如果能夠多出幾位智慧圓融的人，處處兼顧，事事圓融，那麼這個團體必定興隆，這場會議必能成功。

以上各種人當中，最好人人都能為人客觀、處事圓融，做個能講話，也會聽話的人。尤其懂得隨緣，更能堅守原則，能夠做個明理的人，才是真正有智慧的人。

吃什麼

各位讀者，大家吉祥！

「吃」是萬物生存的要件，樹木花草要喝水，蝴蝶蜜蜂要採蜜，乃至蚯蚓吃泥土，魚蝦吃水藻，飛鳥吃昆蟲，牛馬吃牧草等。可以說，萬物都要吃，才能存在。尤其陽光、空氣、水，更是人生三件寶，也是萬物生存的共同條件。除此之外，鬼神、仙人等各類眾生，他們又是吃什麼呢？

一、鬼神吃祭品：世間上，胎卵濕化等有情眾生都要吃，其中化生的神鬼就是吃祭品。台灣拜神祭鬼的風氣很盛，不但神廟到處林立，香火鼎盛，一般民眾每年七月，更以三牲祭品來拜好兄弟，也就是祭鬼。人類以為自己的一切，不是被神操縱，就是給鬼挾制，因此人人敬神怕鬼，每隔一段時日都要以祭品來跟神鬼溝通，於是神鬼就與祭品分不開了。

二、仙人吃靈氣：神鬼之外，還有一種被人稱為「神仙」的精靈，如道家崇拜的「仙道」，除了八仙之外，還有很多活神仙。他們或居天上，或居雲端，他們吃世間的靈氣，所以道家講究煉丹。仙丹一粒，可以維持百千萬年的壽命；南極仙翁等仙人，就這樣道骨仙風的流傳在人間。

三、凡夫吃五穀：凡夫就是人類，人類大都以五穀為食，有的吃稻米，有的吃麥麵，甚至大豆、高粱及各種菜類，所以一般務農之家，都希望五穀豐登，能讓人類豐衣足食。人類要靠五穀維持生命，但是生病時，又說：「人吃五穀，怎能不生病？」可見「吃」讓人生存，也給人帶來麻煩。其實，人類也不只是吃五穀，遇到災荒時，樹皮草根也有人吃，平時更是天上的飛鳥、河裡的游魚、地上的豬牛雞鴨都吃，甚至還要到森林裡打獵，捕殺一些山羊野兔。人類之好吃，千方百計，無所不吃，怎能不吃出災禍來呢？

四、動物吃同類：「螳螂捕蟬，黃雀在後」，動物就靠互相殘殺，互相掠食維生。動物的世界，弱肉強食，美其名曰「生態平衡」，但實際上是「生命要靠殘殺，才能生存」，良可慨歎！

五、貪官吃民財：貪官當然是人，也是動物，他們除了什麼食物都吃以外，還吃錢財。所謂「民脂民膏」，貪官壓榨人民，可以說無所不貪，無所不吃。一些升斗小民，三餐困難，但遇到貪官，即使節衣縮食，也要孝敬。我們看一些野獸吃了同類，還將骨頭吐出來，但是貪官吃下的民脂民膏，連渣滓都不吐一點。當然，好官主政，勤政

愛民，自能增加人間的善美；但是萬一貪官當道，人民生活暗無天日，那就是無盡的夢魘了。

六、禪者吃法味：「民以食為天」，非但世間人類要吃三餐，就是一切有情眾生也要靠飲食活命。但是一些修行的禪者，除了用飲食維持色身以外，實際上他們「禪悅為食」，所以真正吃的是「法味」。就等於喜愛讀書的人，一天不讀書，日子就會難過，三日不讀書，口中就沒有味道。因此，讀書人講究的是書香味，參禪的行者，就靠「禪悅」以為食了。

多少之間

各位讀者，大家吉祥！

生活中，有精神上與物質上的需要。在社會與人事之間，有時要多一點，有時要少一點，在多少之間如何取抉呢？最好是錢財多一點，是非少一點；智慧多一點，煩惱少一點；房屋多一點，災難少一點；收入多一點，支出少一點。關於多少之間應如何取捨、決定？略述如下：

一、多一分謹慎，少一分失敗：失敗大都因為考慮不周，計畫不詳，關係不夠，冒然的沒有把自己的條件算

清楚。自己的力量不夠，假如是經營商業的話，一旦發覺諸多方面不夠支配，怎麼能夠不倒閉呢？所以凡事多一分謹慎，自然少一分失敗。

二、多一分預防，少一分災害：人類為了預防天花，所以預先種牛痘；知道火災的可怕，因此預設消防栓等設備。建築房子的時候，地基要穩固，以防地震；屋樑鋼架也要堅固，以防颱風。天寒預防感冒；三餐多吃一些水果，希望身體營養均衡。家居也好，身體也好，多做一些適當的預防，自然可以減少一些意外的災害。

三、多一分保健，少一分病痛：人的身體，小小疾病容易治療，如果小病沒有預防，等到疾病擴大，再要治療就比較困難了。所以平時牙齒多久要保養一次，腸胃多久要檢查一次，乃至現在有所謂的自然醫學，主要就是以保養代替治療。現在很多家庭都有專任的家庭醫師，或是家中常備保健藥品等，都是為了預防疾病也。

四、多一分善念，少一分罪惡：普通的人，一天當中，都是在善惡兩個念頭當中徘徊，善惡好像是兩條路，一條向東，一條向西，你要向東呢？你要向西呢？或者善惡混雜不清，你能辨別出來，那個是善念，那個是惡事呢？經典裡分析，一個人一天當中，偶而上天堂，偶而下地獄，可以說時而天堂，時而地獄，所謂「天人交戰」，不就是天堂地獄的糾紛嗎？所以人要多一分善念，只要多為人想，為好事想，為大眾想，自然就能增長善念，而能遠離惡事了。

五、多一分遠慮，少一分近憂：人間事，有時要有遠慮，有時需要近憂。人有遠慮，必能減少一些不幸的橫事發生。生兒育女，送到國外留學，雖然遠洋重隔，但為了兒女將來能出人頭地，寧願受著相隔兩地之苦，也要讓兒女多受一些教育。有的人從小鼓勵兒孫多學一些技能，因為萬貫家財，不及一技隨身，這都是有遠慮。

六、多一分寬容，少一分禍患：我們的長輩、朋友、鄰居、部下等，跟我們有貼近相處的人，難免會有一些歧見、利害，必須要有寬容的心去包容，如果處處計較，寡恩的結果，大炮射程很遠，但不可怕，手槍近距離射擊，是很具殺傷力的。

所以，多少之間，當多則多一點，當少就少一點。當給人多一點，當給自己少一點，這都是情理之常。

成功

各位讀者，大家吉祥！

成功人人嚮往，雖然成功的定義因人而異，不過舉世共通的是，無論各行各業，大家無不希望能在自己的專業領域中闖出一片天空，獲得成功。世界上有哪些專業上的成功例子呢？試舉如下：

一、科學上的成功：發明原子彈、潛水艇是成功；發明電腦、網路是成功；登陸月球、發射衛星是成功；改造基因、複製牛羊也是成功。科學家窮畢生之

力作研究，使得科學發展到了登峰造極的境界，理所當然應授予他們成功的榮銜。

二、政治上的成功：從貧民當上一國之君，是成功；使分裂的國家歸於統一，是成功；使專制、不自由的社會進入民主開放，是成功；使貧窮落後的國家富有安樂，是成功；使混亂的國家有了秩序，是成功；使人民安居樂業，是成功。這些都可說是政治上的成功。

三、**企業上的成功**：企業界也有許多不同凡響的成功人物，例如：塑膠界的大亨、電腦界的牛耳、銀行界的專家、化工界的頂尖等等。總之，有許多企業人士站在「造福人群」的立場發展企業，都是企業界的成功典範。

四、**治學上的成功**：有的人靠著精勤努力，成為舉世有名的教育家；有的人經過刻苦鍛鍊，成為世界著名的演說家；有的人擅於發揮創意潛能，終成偉大的藝術家。這許多對人類有極大貢獻，點亮世界之光的仁人志士，都是治學上成功的楷模。

五、**醫學上的成功**：現代的醫學，一日千里，抗生素的發明、麻醉針的改進、雷射開刀、X光照射、核磁共振的檢查等，都是醫學上偉大的成就。

六、**農業上的成功**：由於農民的努力奮鬥，農業技術的進步創新，品種的研究改良，使得農產品品質大為提昇，產量也因而增加，締造了農業上許多的成功經驗。

七、建築上的成功：地下鐵、摩天大樓、跨海大橋、海底隧道的興建，都是建築工程中的一大挑戰；一旦完成，則可謂建築專業的成功。尤其現代的建築，不但講究堅固，同時注重風格，所以要成為建築業中的佼佼者，就更加不容易了。

除了以上的專家，其實各行各業都有很多才人，雖然每年諾貝爾獎也會選出一些對人類社會有貢獻的得獎者，其實那只是成功者當中少之又少的一些人，另外還有更多具有成就的人，他們或者功成不居，或者自謙不揚，或者歸功他人，或者再待機會，或者成為遺珠之憾。總之，他們都在默默的為這個世界付出，他們的發心更是令人敬佩。

老人的智慧

各位讀者，大家吉祥！

「敬老尊賢」是中國傳統的美德。俗諺云：「家有一老，如有一寶」、「不聽老人言，吃虧在眼前」、「老薑辣味大，老人經驗多」、「明珠出在老蚌」等，都是說明老人智慧的寶貴。

老人歷經歲月的磨練，擁有許多的智慧、經驗、常識、涵養等，這是年輕氣盛的少年子弟所體會不到，更不是光靠聰明才智所能獲得的。老人的智慧，例如：

一、見多識廣。

二、仁慈待人。

三、提攜後學。

四、冷靜行事。

五、沉著內斂。

六、自我約束。

七、意志堅強。

有首偈語說：「少年莫笑老人頻，老人不奪少年頭；老人即使隨物化，功德留與後人多。」有的人認為老人無大用，經常在他們面前表現輕慢，甚至對於老人的忠告，不屑一聽。其實，老人擁有豐富的人生智慧和經驗，這是不能抹殺的；老人一生為人間留下許多貢獻，也都是留給後人來享受，所以我們不能輕視老人，反而應該懂得尊重、學習老人的智慧。

話說山西省廣勝寺建有一座飛虹塔，經過風雨侵蝕，需要重建。

隨著工程的順利進展，塔也越建越高，到了第三層之後，磚石已經無法再繼續往上送，於是進度一天一天慢下來。工匠們看著塔發愁，無計可施。

有一天，一位自稱是魯班弟子的老人家來到工地，左看右瞧，在塔的四周繞了一圈又一圈，大眾好似看見一道曙光。等他坐定，工匠們恭敬的站在他身邊，說道：「老先生！請您發發慈悲心，教教我們吧，塔都建到這種程度了，功虧一簣好可惜！」

老人家卻一直搖著頭，自言自語的說：「我年紀大了，已經半截入土。半截入土，沒有辦法了，你們大家趕緊造吧！」說完之後，搖頭晃腦而去。好不容易燃起的希望，就被一句話給澆熄了，大眾紛紛辱罵那老頭。

過了半個時辰，一位工匠突然大聲喊道：「我想到了！」大眾立刻圍攏過來，「你想到什麼了？」工匠說：「老人說的『半截入土』就是個妙法。意思是要大家把土往塔的四周堆高起來，這麼一來，就能運送材料了。」

老人的智慧，是真實的體會，是金錢買不到的寶藏；不懂得珍惜老人的智慧、運用老人的智慧，將是社會無形的損失。

老人愛己

各位讀者，大家吉祥！

高雄縣政府為了讓老人有個頤養天年的地方，在鳳山興建一所老人公寓，取名「崧鶴樓」，交由佛光山承辦，叫做「公辦民營」。

在佛光山承辦十幾年來，先是由黃美華小姐負責照顧裡面的兩百多位長者，後來由覺弘法師接替這

項任務。覺弘法師畢業於澳洲醫學院，他的志願是當鄉村醫師，由他來照顧這些老人，非常恰當。

有一天，覺弘法師在門口貼了四個大字「老人愛己」。我原以為老人有什麼地方讓他不滿意，就問他為何貼這四個字來刺激老人？他說這不是刺激他們，而是叫老人們要尋回自己。因為現在的老人，想要兒女床前侍奉孝順，非常困難；家人朋友，也都各有所忙，沒有人能顧得了老人；依賴社會國家的照顧，也總要等到有人巡視後，才會加一些老人年金，這也解決不了老人的問題。貼上「老人愛己」四個字，是要告訴老人們，自己要好自愛之，自己要懂得愛自己。

從這段事情，讓我想到，老人確實要懂得自愛，不要求人家來照顧我，老人能自己愛自己，才會快樂。因為老人也有很多可愛的地方，例如：

一、愛惜往日的歷史：老人在這個世間已經活了七、八十年，甚至九十、一百年，歷史輝煌，回憶往事，歷歷在目。例如，當初如何參加北伐統一？如何抗日抵擋外侮？甚至有的人曾經在金融機構管理過數千萬的金元券，有的人在工商界領導過數百千人。可以說，一句口號，一個命令，功勳彪炳，赫赫威武，如今回想起來，好不自喜。

二、回想一生的大事：每個人都曾經年輕過，老人回想當年的青春往事，曾在父母監管下，偷偷的和小情人見面，二人相約遊山玩水，相約到餐館吃飯，看一場電影，划一次小舟，好不自在逍遙！當初的山水，一葉小舟，桌上的菜餚，現在回憶起來，彷彿昨天，一一浮現在眼前，你不覺得自己有無限的快樂嗎？

三、回顧曾有的善舉：老人一生的歲月，總有一些善行好事，例如曾經幫助朋友度過難關，曾經濟助過窮苦親戚的生活，曾經在某個寺院隨喜添過油香，曾經在某個慈善機構當過義工。甚至自己也曾尊敬過老人，為老人服務，也曾愛護過青年、兒童，給他們一些幫助。如今回想起來，那一件不值得懷念，那一件不值得自豪，你不覺得自己很可愛嗎？

四、誠心深切的懺悔：假如上述所有的事情，你都沒有這樣的經驗，也沒有輝煌的紀錄，甚至沒有做過助人的好事，那你就應該深深的自我懺悔。活了這麼一大把年紀，乏善可陳，沒有好的紀錄，只有好好的念佛誦經，反省懺悔。所謂「往昔所造諸惡業，皆由無始貪瞋癡，從身語意之所生，一切我今皆懺悔。」從懺悔裡，可以得到心安，從懺悔裡，會懂得自愛，從懺悔裡，還有餘暉蕩漾，人生仍然是可喜、可愛的。

我是佛

各位讀者，大家吉祥！

佛陀成道時說：「人人皆有佛性」！既然如此，那麼人人都應該直下承擔「我是佛」。

「我是佛」這句話，對吾人有很大的利益，有很大的貢獻。因為只要你能承認「我是佛」，就不會抽菸喝酒，就不會為非作歹，就不會作奸犯科。「我是佛」，多麼明理，多麼高尚，多麼自在！

承認「我是佛」究竟有些什麼好處呢？

一、我會改過遷善：一個人能直下承認「我是佛」，怎能不改正過失，怎能不努力向善呢？改過遷善是人人都能做得到的事；現在我既承認「我是佛」，更應該要能做到。所以承認自己是佛，對自己最基本的的貢獻，就是改過遷善而能獲得大利益。

二、我能見賢思齊：我既然承認「我是佛」，怎能不向「如來行處行」呢？諸佛菩薩的大慈大悲，我能沒有慈悲嗎？諸佛菩薩的大智大慧，我能沒有智慧嗎？「我是佛」，我就要向佛看齊。

三、我有包容雅量：佛陀「心包太虛，量周沙界」，佛陀的度量能包容天地，我能沒有容人雅量嗎？我既承認「我是佛」，我就不會

斤斤計較別人的過失，不會念念都是別人不對，自己才對；我既承認「我是佛」，就要以「責人之心責己，以恕人之心恕人」。

四、我能隨緣放曠：隨緣的人生多麼美麗，放曠的人生多麼豁達。我對於「諸惡莫作」的發心，要能隨緣；我對「眾善奉行」的作為，要能實踐。我放大自己，開拓前程，我朝著菩提道努力前進，奮勇作為，我在隨緣放曠的生活裡，能夠擔當「弘法是家務，利生為事業」。

五、我能無私無我：「我是佛」了，過去的私心執著，我會根除，過去的顛倒妄念，我會謝絕。我以「無我無私」的心做人處事，我以「無執無求」的態度服務人群；既然無私無我、無執無求，我會尊重別人，我會包容一切。或許我一時的作為難以十全，但我會以恒心、願力，經常祈求「我是佛」，讓我心中之佛慢慢的發光，逐漸在我心中點亮明燈，讓我的自私、我執，都能在淨光下消除。

六、我能自覺行佛：「我是佛」了，我會自覺別人的教導只是一時的啟發，今後我必定要自覺。我自覺內心的煩惱深厚，我必須要勇敢的去除；我自覺我的計較、得失、妄想很多，我也得奮力去對付。我自覺我的做人不夠圓滿，我自覺我的學問不夠厚實，我自覺我的專長太少，我自覺我利人的方便不夠，所以我要努力充實自己。我不但「自覺」，還要「行佛」，因為「我是佛」，怎能不行佛呢？佛陀的慈悲、般若、解脫，我都能奉行，以期我能像佛陀一樣的解脫自在，因為我已承認「我是佛」了。

「我是佛！」只要你敢如此自承，當下已然走上成佛之道，還怕沒有成佛的一天嗎？

求

各位讀者，大家吉祥！

人生在世，追求的事物很多，例如求生存、求平安、求順利、求快樂。在人生的各種追求當中，最常見、最應該追求的東西，列舉如下：

一、求財：錢財對人的生存、名譽，都有重大關係。「有錢能使鬼推磨，無錢身在鬧市無人問」，錢財對人豈不重要！有人為了求財，不惜運用一切手段；為了求財，心機用盡，結果到頭來「人為財死」，寧不可歎！因此，錢財雖是生存不可或缺的要素，不過求財要

求正當之財，所謂善財、淨財；不正、不淨之財莫貪，以免惹禍上身。

二、求名：人有了錢財，還不能滿足，希望要有名聲，所以有些人不惜花錢買官，為的就是求名。名聲雖然虛幻不實，但總是令人陶醉。所謂「三代以前唯恐好名，三代以後唯恐不好名」，求名也非不好，但要能「實至名歸」。尤其求名當求善名、美名、忠義之名，能夠留名千古，未嘗不好。

三、求愛：有了財與名，追求「愛」也是人與生俱來的本能。人要愛人，也希望被愛。愛本來就是生命的原點，愛可以讓人覺得幸福、快樂，但是愛得不當，愛得不正，愛得不該，也會產生煩惱糾葛。佛教並不排斥愛，但希望人能把愛昇華為慈悲。所謂慈悲，就是大愛、淨愛、公愛；能夠普愛一切、成就一切，甚至犧牲自我，成就他人，這才是愛的真義。

四、求職：人在世上，要有正當的職業，才能養家活口，才能安然生存；如果沒有正當的職業，無業遊民總是社會的包袱，甚至成為社會的敗類。職業沒有大小貴賤之分，工作是神聖的，只要不會危害社會他人，不會敗壞善良風俗，即使是擺個地攤，乃至為人剃頭、洗衣，都是神聖的服務。只要自己的能力能夠勝任，能對社會產生貢獻，任何職業都可以安心從事。

五、求人：俗云：「黃蓮苦，貧窮更苦；春冰薄，人情更薄；江湖險，人心更險；登天難，求人更難。」求人雖然很難，但是人生在世很難不求人。從小要求父母幫助我們成長，入學要求老師教我們知識，進入社會要求朋友、同事給我們幫助。平時的生活裡，乘車要求司機開車，穿衣要求工人織布，吃飯要求農夫耕種，購買百貨要求商人供應，如果沒有這些人，我們又如何生存？只是求人也要求該求的人，不該求的人不但不能如你所求，甚至求出麻煩來。其實人生與其求人，不如自己能給人；能夠給人因緣、給人利益，當你播下了種子，還怕沒有收成嗎？所以跟人結緣，遠比求人更好。

六、求道：放眼當今整個社會，求財、求名、求愛、求職、求人，所在多有，求道的人就少了。人，為了身體健康，都懂得要運動和注重營養；為了美貌，要化妝美容；為了技能，要求學用功，但是心中的道往往被忽略了。一般人都是為眼、耳、鼻、舌、身等外在的身相忙，但很少為「心」而忙。心是人的主宰，求道先要淨心、正心；心能清淨，心能正派，則何愁其他一切所求不能如意呢？

角色

各位讀者，大家吉祥！

「人生如戲」，台上的一場戲，有各種角色。在戲劇的各種角色裡，扮演皇帝的人不見得就是要角，反而能臣幹將才是主角。《西廂記》裡，小姐崔鶯鶯是配角，丫環紅娘才是主角，可見角色不在大小，而在演得逼真才是重要，才是成功。過去上海的黃包車夫，也能成為戲劇的主角；家中的媳婦，也能成為全劇的靈魂人物。人生的舞台上，我們要扮演那一種角色呢？

一、甘草的角色：有的人雖然不能做一個領導人，並不代表沒有出息，他可以扮演甘草的角色，凝聚各方人物，使大家都能和諧，相互尊重。不過現在所謂「旁邊的人」，盡說一些閒話，挑撥離間，比起「甘草人物」，實在不如。

二、大哥的角色：有的人生性豪邁，天生就是「大哥型」的人物。這種人性格特出，講話算數，出手闊綽，喜歡仗義直言，見義勇為，此等人不做大哥，還真辜負了天賦。

三、談判的角色：中國歷代的能臣，很多善於折衝樽俎，這種人適合擔任「談判」的角色。例如三國時代的諸葛亮，舌戰群儒，聯合東吳，為劉備打下鼎足三分的天下，就是典型的「談判」角色。其他如清朝的李鴻章，甚至春秋戰國時代的蘇秦、張儀、范睢、樂毅等，他們一席話就

能打動公卿，奠定自己的地位，這種談判人才，當今之世已經不可多得。

四、**領導的角色**：有的人生來就有領袖氣質，天生就是領導人才，像劉備雖然能力不是很特出，但就是有人服氣他，如關羽、張飛等人，終其一生死心塌地追隨、服膺他的領導。再如趙匡胤、朱元璋、孫中山等人，都是領袖人物，適合扮演領導角色，他們只是憑著毅力、恆心，就能創造他們的天下。

五、**跟班的角色**：有的人生就跟班的性格，並非他沒有能力，有時才華反而勝過主人，只是他的性格就是跟班的材料。如乾隆年間的和珅，就是標準的跟班人物，他能揣摩主人的心意，投其所好，討其歡喜，所以他不是忠臣，也不是奸臣，而被定位為佞臣。

六、**陪襯的角色**：在一個團體裡，有的人雖然沒有掌握實權，但是在很多權力鬥爭當中，又少不了他的陪襯，例如近代史上，國民政府主席林森就是一個陪襯的角色。乃至當今社會，很多董事長、理事長，有實權者有之，無實權者為數更多。因為在權力衝突中，具有平衡的作用，所以能在權力的核心裡具有陪襯功能，說來也是難得的際遇了。

孫中山先生說：要做大事，不一定要做大官！就是鼓勵人要扮演好自己的角色。社會上有權、有勢的人再多，他們的角色不一定能獲得大眾的尊敬，社會所推崇的是有義氣，能夠捨己為人、服務奉獻的人，這才是足為社會模範的角色。

身體衰弱

各位讀者，大家吉祥！

「人生無常」，世間沒有鐵打的好漢，沒有銅鑄的英雄，每一個人都是血肉之軀，隨著歲月寒暑遷流，身體的機能總會退化，自然會慢慢衰弱。

但是，有的人身體衰弱得比較慢，儘管活到八、九十歲，仍然健步如飛；有的人身體衰弱得快，五、六十歲就是小老頭一個。造成人體衰弱的原因很多，舉其要者：

一、暴飲暴食：所謂「禍從口出，病從口入」，很多疾病都是因為吃得不當而吃出毛病來。例如，經常在家大吃大喝，或是上餐館飽餐一頓；暴飲暴食的結果，不是過度肥胖，造成內臟器官不勝負荷，再不然就是吃壞腸胃，影響消化功能，這些都對健康有害。另外，有的人口味太重，吃的太鹹、太酸、太辣，尤其吃太多油炸的東西，卡路里、脂肪過多，都容易引起一些心血管等疾病，都會讓身體的健康亮起紅燈。所以，日常三餐飲食要定時定量，並且要細嚼慢嚥，尤其儘量多吃清淡的食物，才能有益健康。

二、憂鬱多慮：人的身體通於心理，心是眼耳鼻舌身的統帥，心理有了妄想雜念，或是憂鬱多慮，致使情緒起伏不定，乃至心裡壓力過重，都會影響身體健康。尤其，有的人經常為了別人一句閒話，久久不能釋懷，一直把它掛在心上，翻來覆去，自己不能開脫。久而久之，造成精神虛弱，甚至妄想症、躁鬱症、憂鬱症等，也會跟著而來，這些心裡的疾病，也是造成身體衰弱的原因。

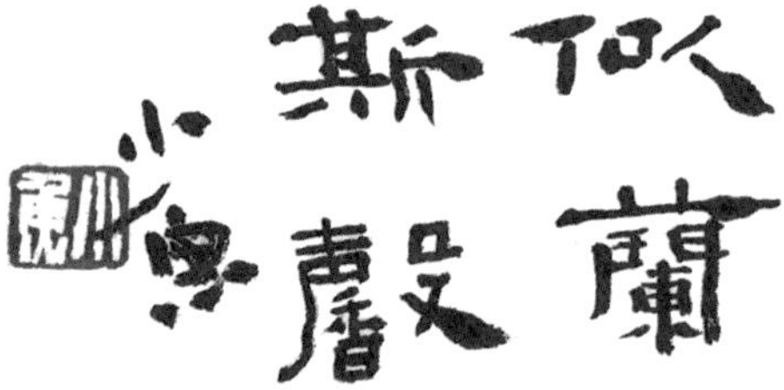

三、過分縱欲：人的欲望有淨法欲，有染污欲。清淨的欲望就是正當的希望，就是理想、抱負，例如希望成聖成賢，希望成佛作祖等，都要靠淨法欲的力量來激勵自己完成目標。反之，染污欲就是對「財色名食睡」等五欲的過分貪求。適度的五欲，雖然是生活所需，如果過分恣情放縱，就對身體有害。例如，古代縱欲的帝王，都會早夭；現代人不但情色氾濫，縱情聲色，甚至酗酒、吸食毒品等，都是戕害身體健康的劊子手。

四、操勞過度：一個人太過懶散，不務正業，固然不好；過分辛勞，不懂照顧身體，也是不當。身體就如汽車，開到某個里程數，就必須進廠保養。世上任何東西，都要善加保養，才能持久使用，何況人是肉體之軀，所以適當的休息，也是精進，適當的育樂，也是身心健康的潤滑劑。

人，不要等到身體有病了，才來尋求醫藥治療，平時就要懂得保養身體。所謂「預防重於治療」，平時做好保健，懂得養生之道，才能延緩身體衰弱，才能真正有益健康。最好的養生之道，莫如生活作息正常，此外適度的運動，諸如走路、爬山、打球、跳繩，乃至旅行等，都是身體健康之道。反之，生活作息不正常，尤其上述所說，暴飲暴食、憂鬱多慮、過分縱欲、操勞過度等，都會使得身體提早衰弱，不能不慎。

兩種人

各位讀者，大家吉祥！

世界上有幾十億人口，形形色色，難以分類。不過，縮小範圍，可以把人分為「兩種人」，一種為名，一種為利。依此類推，世間上還有一些什麼樣的人呢？

一、好人與壞人：一些年幼無知的孩童，每天跟著大人看電視劇，雖然並不懂得劇情，但是隨著戲劇的發展，他也會看出「這是好人」、「這是壞人」。所以是好人、是壞人，連兒童都能知道，我們還怕世間上的人不知道自己是好人、是壞人嗎？

二、智人與愚人：有的人，雖然自己沒有高深的學問，說不出什麼大道理，但聽了一些智者發表高論以後，也會由衷的佩服，覺得這個人很有智慧。有的人說話無味，顛三倒四，大家聽他講話，覺得空洞沒有內容，所以紛紛藉故走避，不耐煩聽他說話，因為愚者講不出富含哲理的話。不過儘管如此，有智慧的聰明人不一定是好人，沒有智慧的愚者也不一定是壞人。

三、富人與窮人：所謂富人，就是家財萬貫的人，所謂窮人，就是日食三餐困難的人。世間上，大家都羨慕有錢人，有錢能使鬼推磨，有錢的人能夠呼風喚雨，為所欲為。但是有錢也不一定都是好人，反之被多數人看不起的窮人，雖然衣食不周，自己都照顧不到，並無能力利益社會大眾，但是窮人財力、物質貧乏，一樣可以用苦力貢獻社會，尤其有的

人「人窮志不窮」，他就是社會的好榜樣，所以窮人也不一定是壞人。

四、主人與僕人：主人，因為有錢有勢，可以僱用很多人為他做事，因此說起話來氣勢很大；僕人，因為家中拮据，日食艱難，只有默默的打工做事，賺取一些薪水養家活口。主人與僕人，地位懸殊，主人都是上中前，僕人則是卑躬屈膝，只有做事的份，沒有發言的資格。但是我們看到社會上很多當主人的，不一定是好人，很多做僕人的，也不一定是壞人，假如主僕易位，情況就又有不同了。

五、能人與庸人：世間上有很多才能出眾的人，會寫、會說、會做，他能辦外交，能處理內政，他會領導，也會奉承。能幹的人確實出眾，但能幹的人也不一定是好人；相對於能人，一些庸碌的人乏人欣賞，不受人重用，一生都是庸庸碌碌，平平凡凡的過日子。因為自己庸碌無能，沒有發言的權利，凡事別人說了對，但庸才也不代表他就是壞人，庸才中也不乏好人。

六、家人與外人：每個人都有一個家，所以身邊就有家裡人，也有外邊的人。家裡的人，包括父系的家族與母系的親族，當中還有近親與遠親，都是一家人。一家人有男女老少，賢愚不等，我們都會保護自己的家人。但是家人也不一定都是好人；外人，有外鄉人，外國人，有跟我們完全不同宗、不同派的人。我們看外人，也不能認為他們都是壞人，外人當中也有很多好人。

總之，好人與壞人，不是看錢財、地位、聰明、才幹，在這些之外，還有好壞的條件。凡是對人有利，於人無害，才是好人；假如於人有害，刻薄他人，算計他人，藉勢欺人，恃財磨人，都算不得是好人。世界上幾十億人口當中，其實就以好人和壞人，分別最為明顯了。

幸福

各位讀者，大家吉祥！

幸福人人追求，人人需要！但是幸福難有標準，因為人往往「身在福中不知福」，總要等到失去了幸福，才知道幸福的可貴。

談到幸福，有的人認為兒孫滿堂，就是幸福；兒孫很多，所謂「福氣」，有「福」也有「氣」。有人說，金錢財寶很多，就是幸福；富有物質，也容易有煩惱。所以，幸福不是那麼單純就能擁有，幸福和煩惱宛如難兄難弟，總是結伴同行。

一般的幸福，應該就是感

到滿足的人生，平安的人生。

幸福不在物質上享有多少，而是感覺擁有多少；幸福不是靠物質積聚而來，而是要在精神上昇華才能獲得。當然，從現實生活來講，幸福也有下列五個層面：

一、生活上的幸福：生活中的家居日用，衣食都能溫飽，資用都不覺得匱乏缺少，家中人等，都很本分，不求大富大貴，只求天倫之樂，家人平安，這就是幸福的事了。

二、身體上的幸福：人的身體，五官端正，五體俱全，少病少惱，這就是幸福。不過，有的人四肢發達，頭腦簡單，也會遭人嘲笑；如果身康體健，聰敏有智，這就是真的幸福了。夢窗國師說：「無病第一貴」，一個人即使擁有再多的錢財，再怎麼成功的事業，如果身體上經常不是這裡有病，就是那裡感覺不快；在身體變幻中，怎麼能體會得出人生的幸福呢？

三、財物上的幸福：財物欠缺，當然不幸福；錢財太多，掛念被人敲詐，被人綁架，天天為了錢財憂煩，也是不幸。所以，錢財不宜太多，也不能沒有，最好日用寬裕，不覺匱乏，但也不積聚，夠用就好，這應該就是最幸福的了。

四、精神上的幸福：人的財產再多，物質再豐富，但是精神空虛，那樣也不覺幸福。精神上，有知識，有慈悲，有人緣，有歡喜，有人關懷，臉上不時露出微笑，口中偶而哼哼歌曲，這應該就是人生的幸福事了。人生最大的幸福，就是沒有憂愁煩惱，你擁有世間再多的東西，如果憂愁煩惱不除，都不是最幸福；人生最幸福的事，就是感覺日日月月都是過年。

五、信仰上的幸福：人生幸福的事情，只要你歡喜滿足，就是幸福。其實宗教的信仰，是人生最大的幸福。因為信仰裡有力量，信仰裡有希望，信仰裡有依靠，信仰裡有無比的幸福。因為，我們信佛，佛是我們不必花錢的老師；我們信法，法是解決我們苦難的良方；我們信僧，僧是我們人生旅途上的善友；我們信仰教團，教團是我們精神生活的家園。我們信仰的最大目的，就是找到生命的歸屬；信仰裡有自在，有解脫，那不就是人生最高、最大的幸福事嗎？

東西方女人

各位讀者，大家吉祥！

在人類的世界裡，占有半數人口的女人，跟男人相比，不差絲毫，甚至比男人重要。但是長久以來，女人一直飽受歧視；甚至女人當中，東方女人與西方女人，彼此待遇也不盡相同。東西方對女人的看法，差異很大，略述如下：

一、西方的女人，被比喻為人間的安琪兒、天上的女神，是和平的使者，女人應該受到男士的尊重。所以在西方社會裡，到處可以看到

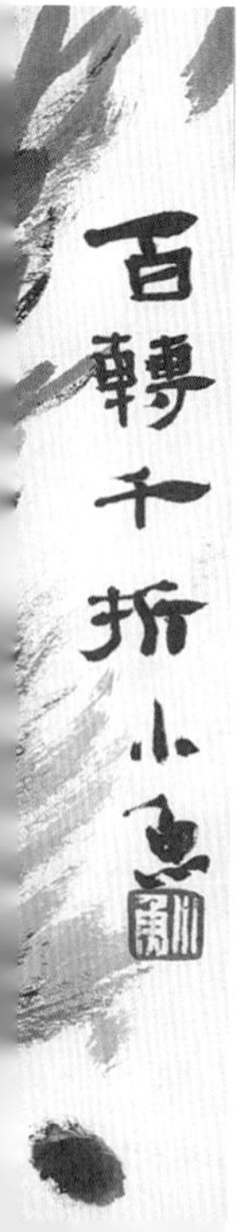

男人讓座給女人；男人替女人拉椅子，扶女人上、下車，更是習以為常。因為女人在社會上充分被尊重，因此在西方國家也產生許多的女王、女總理、女國務卿、女首相、女校長、女企業家等，所有女人都可以抬頭挺胸，理直氣壯的在社會上和男人共同打拼，一較長短，沒有女人甘願因為自己是女

人，就顯得比男人矮了半截。

在西方的父母，遺產不會只留給兒子，有兒女的，都是平均分配。甚至現在西方的女人，很多家庭主婦也在倡導應該向丈夫要求支付薪水。其實果真要男人付薪的話，恐怕男人也付不起，因為女人忙於家事，遠遠比男人在外工作的時間要長，工作也較繁重，薪水自然要比男人高。

然而，雖然付薪未必成真，卻是意味著西方的男女，沒有誰養誰的問題，大家真正做到平等的尊重，平等的地位。所謂「女男平等」，這已足以宣誓女人的地位與價值了。

二、東方的女人，被說成是禍水、母夜叉、母老虎、河東獅吼等，即使是美麗的女人，也被形容為「蛇蠍美人」。東方人把女人形容得很可怕，貶低女人的價值，所以數千年來東方女人想要爭取男女平等的地位，始終都只是個夢想。此中尤其印度把女人視為生孩子的機器，除了生兒育女以外，其他一概不能有所要求，完全沒有做人的尊嚴可言。

另外，數十年前，日本的女人只是男人的附屬品，只能在家卑躬屈膝，等著男人的丈夫回家。中國的女人則如同替男人操持家務的幫傭，甚至像看門狗一樣，不可以外出。三餐吃飯時，男人先吃，苦勞女人先做；男人可以三妻四妾，女人稍被懷疑不貞，整個社會都會對她側目而視。家中如有不幸的事發生，必定要怪女人八字不好，掃帚星、剋夫命，而且只有男人可以休妻，沒有聽說女人可以休夫的。

東方男人在社會上，走到那裡都可以居「上中前」的地位，女人則只宜在廚房裡，或者在廁所邊跟人講話。男人總是想出種種辦法貶低女人，說女人無才便是德，女人不必讀書，女人只要操持家務，扶養兒女，就是賢妻良母了。尤其過去在台灣，男人開支票，違反票據法，因為是使用太太的名義，當然是女人坐牢。甚至走私販毒，如被發現，所有罪名都推給女人，所以台灣的女子監獄，總是人滿為患。可憐的女人，一生受盡折磨，就因為心善性良，受盡苦辛，卻仍然心甘情願。

上述這兩種東西方女人的比較，未必全然如此，也有例外。西方也有被虐待的女子，東方也有幸福的女人，但大體上說，比例總是懸殊很大。佛教講「眾生皆有佛性」，大地眾生皆與佛平等，本性上都是平等的，有平等觀念的人類，才有佛性善德。所以，我們要求世界和平，首先應該要求男女平等、種族平等、國家平等，在平等的尊嚴之下，所謂世界和平，才有達成的希望。

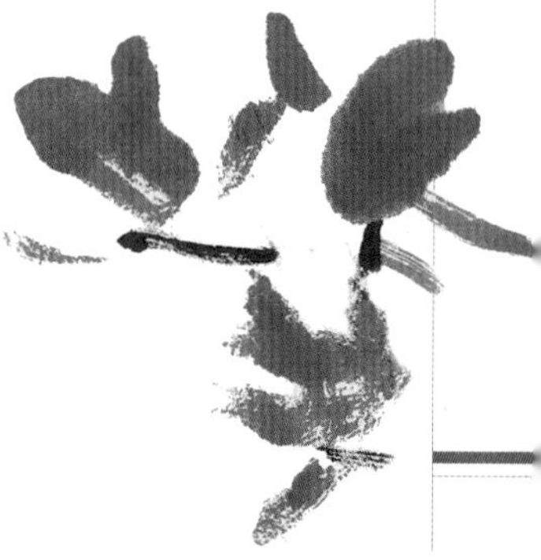

狗的可愛

各位讀者，大家吉祥！

狗是人類的朋友，也是大眾的寵物，但是有時候人在辱罵他人的時候，都說：「你人不如狗」，此話好像太貶抑狗的長處了。狗的長處，狗的可愛，試說如下：

一、護主：狗跟隨主人出門，如果遭人欺侮或是遇有危險時，狗兒總是奮不顧身，勇往向前保護主人。尤其對一些幼主兒童，狗兒更是盡力擔當守護之責，就如父母一樣保護兒童。

二、守家：寒冬裡，儘管霜雪滿天，狗兒還是盡責的守著家門，不會擅離職守。有時遇到外來的侵犯，更是勇猛的拚命抵抗，不容越

雷池一步。

三、**敏捷**：狗的動作非常敏捷，主人外出，牠在前後跟隨，跑前跑後，所走的路程比主人要多出好幾倍。不只跑步，有時跳高、游泳、挖洞，都比一般人來得俐落、敏捷。

四、**忠誠**：狗不會嫌貧愛富，一旦跟隨了一個主人，即使主人窮途潦倒，忍飢挨餓，牠也不會棄主人而去，反而有時遭狠心的主人遺棄，卻仍千方百計的尋路回家。說起狗的忠誠性格，有時真是人不如狗。

五、**講義**：人講義氣的，為數很多；狗兒講義的，為數也不少。有時候看到大狗欺負小狗，牠會挺身而出，仗義保護；有時看到不平的事，牠也會瞪著兩隻眼睛，狠狠的看著對方，不是想要較量，只為讓對方知道「還有我在」。

六、記人恩惠：狗兒只要你待牠好，牠也會待你好；只要你給過牠一餐飯吃，或是照顧過牠一次，牠可以多年不忘。我曾有一條小黑狗，送給他人飼養，七、八年後偶然見面，儘管時隔多年，牠對我的親熱、依戀，真是讓人感動。

七、善體人意：狗子雖然是畜生，對人

的語言、心意難免有距離，但是有的狗兒善體主人的意思，有時肚子再餓，你準備東西給牠吃，如果沒有下令，牠也只有靜靜的等著，不敢冒然就吃；有時你把飯送到屋外，雖然與牠進食的習性有違，牠也會照做。要牠來，要牠去，甚至叫牠撿報紙、拿雜物，牠也會學得一口好功夫，逗主人歡喜。

八、不受誘惑：世界上無論男女，很容易受外境的誘惑而動心，例如工作上，那家待遇好就會跳槽他去，或是別人一句好話、一個笑容，也會改變初衷，迎新棄舊。相較之下，忠誠的狗兒不會因為主人兇過牠，就棄之而去，也不會因為主人的斥責而輕易換主。

有人感歎「人不如狗」，雖然有點言過其實，因為人的智慧、人的慈悲、人的力量、人的禮儀，都是狗兒所難以望其項背的，但是在某些地方，狗的性格，確實又比人好一些，這也是不容反駁的事實。

長壽

各位讀者，大家吉祥！

長壽是每個人的希望，但是真的活得很長壽，未必是好事。例如有人祝賀他人「活到一百二十歲」，果真活到一百二十歲，齒牙動搖，不但東西啃不動；耳朵重聽，話也聽不明白；視力老花，眼睛也看不清楚，活到一百二十歲有什麼趣味呢？

再說，活到一百二十歲，一百歲的兒子，甚至八十歲的孫子都死了，白髮人送黑髮人，這不是人間最悲哀的事嗎？因此，壽命到底是活得長好？還是短好？事實上壽命長短並不重要，重要的在於是否有功於人間。人生不一定光講色身壽命，人生的壽命種類很多，例如：

一、身體上的壽命：身體上的壽命，一般能活到六十歲，就算長壽了，活到七十、八十，就算賺來的。身體上的壽命是一種形象的，能順乎自然就好。

二、言語上的壽命：現在人常引述「孔子說」、「孟子說」、「愛因斯坦說」、「亞里斯多德說」，甚至「耶穌說」、「佛陀說」，這都是語言上的壽命。

三、事業上的壽命：有的人做過的事業，千百年後還是有功於世間，例如大禹治水、嫘祖養蠶、倉頡造字、愛迪生發明電燈、萊特兄弟發明飛機等，這是一種利世、利國、利人的功業，永久為人所稱頌。

四、功勞上的壽命：周公制禮樂、孔子造春秋、張騫出使西域、文成公主和番、龍樹菩薩造論、玄奘大師西域取經等，這都是福澤群生，廣利人天的功德事業，是一種功勞上的壽命。

五、道德上的壽命：文天祥正氣浩然，為國忠心不二，寧死不屈；佛圖澄感化石虎、石勒不殺，拯救天下蒼生無數，這都是人格道德上的壽命。

六、精神上的壽命：一個人的功業不是靠年歲成就的，所謂「有志不在年高」，在世間上的壽命能活多久並不重要，重要的在於精神上的壽命。如羅門四哲之一的僧肇雖然英年早逝，但是他的《肇論》流傳至今，仍為研究佛教思想的寶典，這就是精神上永恆不朽的生命。

七、心理上的壽命：一個人只要覺得自己活得很滿足、很有意義、很有成就、很有貢獻，能活出「人生三百歲」，這就是心理上的壽命。

八、**智慧上的壽命**：智慧的壽命是解脫的、清淨的生命，它包含歡喜、無私、慈悲、智慧的無量功德，這是吾人應該努力體證與完成的生命。

人生的意義在創造宇宙繼起的生命，所以壽命的長短不在色身的生滅，甚至事業的大小也不在一時的成敗，乃在於自己對人、對社會留下多少貢獻？吾人若能效法往聖前賢，留下立功、立德、立言的精神，必能為生命留下璀璨的歷史，這才是真正的長壽！

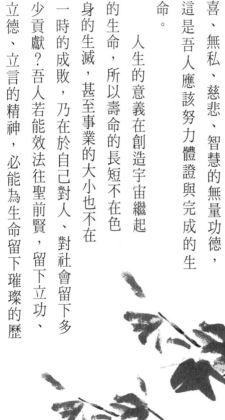

信譽

各位讀者，大家吉祥！

吾人在世間上，最要緊的事就是建立自己的信譽。信譽卓著，從事任何事業都不為難；如果一個人信譽掃地，則一生想要順利發展，可能就難以如願了。我們眼看世間上的人視信譽如無物，輕易的以信譽豪賭，其實一次輸了信譽，則人生就一切破產了。

人要如何樹立自己的信譽，為自己定位，為自己的形象創造出一個品牌呢？茲舉數例提供參考：

一、有人以誠實為信譽：美國的社會最講究誠實，就算違法，只要誠實認錯、懺悔，還是能夠為社會所諒解。柯林頓不就是經過這樣的風暴嗎？

二、有人以勇敢為信譽：藺相如「完璧歸趙」，荊軻刺秦王「風蕭蕭兮易水寒，壯士一去兮不復返」，他們都因為勇敢，所以能留名千古。晏子出使楚國，不肯由小門進入，他慷慨激昂的說：「使狗國者，從狗門入；今臣使楚，不當從此門入。」使得楚國也不得不開大門迎接。

三、有人以慈善為信譽：南京棲霞山寺在抗戰時期，每天救濟二十萬人的飲食，至今棲霞山信譽卓著。慈濟功德會專業的在各處行醫救世，國際佛光會也經常隨喜隨緣在各地救災救急，所以都能迅速發展，為人稱道。

四、有人以孝順為信譽：統一企業創辦人吳修齊先生，為紀念雙親成立大孝獎。有人為報父母之恩而創辦學校、醫院等，都是以孝順

為信譽。

五、有人以公益為信譽：現在台灣與正蓬勃發展中的中國，海峽兩岸的人士競相以所賺的錢財從事公益，樹立自己在社會上信譽的形象。如王永慶創辦長庚醫院，台南紡織創立南台科大，佛光山也創立西來大學、南華大學、佛光大學等，都希望為社會公益盡一點微忱。

六、有人以勤儉為信譽：馬英九先生的太太周美青女士，她以國民黨黨主席的夫人之尊，以坐公車上下班；過去的政治人物，像蔣經國、孫運璿、林洋港、李元簇，他們

都很勤樸，所以信譽芬芳。

七、有人以正義為信譽：現在有的媒體、報紙、電視，甚至個人，為了維護正義，仗義直言，勇於揭弊，這許多義行也為人所敬仰。

八、有人以隱士為信譽：大丈夫「達則兼善天下，窮則獨善其身」，有的人感到世事不可為，因此效法「商山四皓」，效法歷朝的隱士。現在我們的社會裡，也有許多人存在著這樣的思想。

以上所舉，信譽的商標、信譽的品牌，都是吾人所嚮往尊敬的標誌，我們應該為這許多信譽的團體、個人，給予掌聲！

卷三

處世箴言

以和合他人來處世，世界自然無爭；
以攝受他人來處世，世界自然歡喜；
以恆順他人來處世，世界自然和平；
以覺悟他人來處世，世界自然進步。

——《佛光菜根譚》

保健

各位讀者，大家吉祥！

時代進步，人類愈來愈長壽，對生命也愈加重視，「保健」因此成為熱門的話題，不但市面上有很多商店，專門販售各種保健食品、藥物、器材等，醫院裡更有專門的保健醫師。可以說，每個人都希望獲得良好的保健，讓身體健康，壽命延長，得以好好享受五彩繽紛的人間社會。

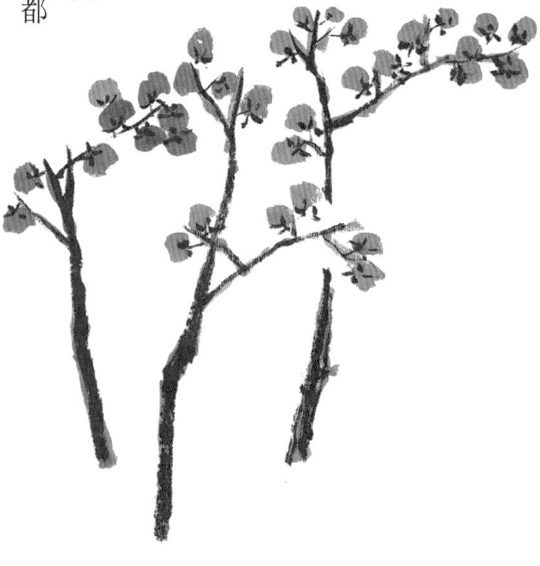

關於保健，人究竟要如何保健呢？

一、用運動保健：保健的方法，最簡單的就是運動；運動當中，既簡易又有實效的，就是走路。一個人，一天能走五千步到一萬步，持之以恒，則此人不一定要吃補藥，不一定要靠維他命來保健，走路就是最好的健康之路。

二、用飲食保健：幾十年前的社會，日常三餐都是以米飯當主食，家裡的兒童，只要多吃一點菜，父母就會責罵他為什麼吃那麼多菜？因為菜比米麵昂貴。但現在的社會，父母都叫兒女「不要吃那麼多飯，要多吃一點菜」，因為菜才有營養，比米飯對身體健康有益。所以現在富裕的家庭，提倡多吃菜，少吃米飯，以免澱粉太多，致使身體發胖，有損健康，這就是飲食的保健。

三、用醫療保健：現在的醫院，不是等人有病了才進行治療，而是「保健重於醫療」，平時就要做好保健的功夫，讓自己的身體有免疫力，不致於經常生病。有時候生了病才到醫院看診，醫師開的感冒藥、腸胃藥、肝臟藥等，固然有功效，但是有很多病，醫師開立的其實只是一些維他命等保健的藥丸，所以安慰性的療效力量更大。

四、用補品保健：中國人一向是最喜歡吃補品的民族，例如聽到什麼動物的骨頭、血液能有助健康，千方百計，不惜一切的也要弄來進補。有的人聽到人蔘、靈芝、雪蓮是營養的食品，也是用盡各種手段，甚至不惜代價都要買到。其他如燕窩、白木耳、蓮子、棗子等各種補品，就更加不一而足了。

五、用衛生保健：現代人受教育的程度愈來愈高，知道衛生保健對身體健康有密切的關係，所以重視身體保健的人，對於家庭環境的衛生，飲食習慣的衛生，乃至自己的身體、心理衛生，都十分重視。平時不但每天盥洗、刷牙、更衣，尤其不吃不清潔的東西。甚至有時不衛生的語言不聽，不衛生的聲色不看，不衛生的飲食不吃，不衛生的東西不買。現在世界衛生組織，也一直在加強衛生的宣導，可見衛生對人類的生命，至關重要。

六、用修養保健：保健之道當然很多，但是求之於人，實用性小，求之於己者，效用才大。例如，自己的修養好，不輕易暴怒，不經常哀愁，不要疑心病重，不要處處計較，讓自己的身心百骸，都能在平和的心情下感到輕安愉快，如此自能長命百歲。尤其透過宗教信仰，讓自己清心少慮，凡事看得開、放得下，更能活得自在，活得快樂。所以，有心做好保健，想要讓生命活得長久的人，不能不從修養上做起。

品味

各位讀者，大家吉祥！

現代人很講究生活的「品味」，談情說愛有談情說愛的品味，用錢有用錢的品味，穿衣有穿衣的品味，甚至交際應酬都要講究交際應酬的品味。

品味不是靠外在的金錢、環境去營造，品味要從自己身邊的生活細節做起。例如對人有禮貌，對事能負責，各種行事都很細膩，乃至淡泊、識趣、節省、愛人，這都是品味。另外，從家庭生活中也能營造出個人的品味，例如：

一、煮菜要有媽媽的味道：吃，是人生

少不了的大事，尤其一個家庭裡，主婦勤於下廚，每天三餐都能供應熱騰騰的飯菜，讓一家人團聚在一起用餐，這個家庭必然幸福洋溢。所以，很多人的一生，始終懷念在家裡吃著媽媽親手烹煮的菜餚，體會著媽媽做飯菜的愛心與辛苦，「媽媽的味道」因此成為人生中最值得回憶的事情。

二、講話要有爸爸的味道：社會上，一個能幹的人可以到處講演，一個普通的人，也會參與各種會議，隨時都有發言講話的機會。即使經商、從事買賣的人，在接洽、推銷時也都需要借助講話的技巧。講話除了真誠以外，能有「爸爸的味道」，也就是述說簡潔、理路清楚、態度從容、性格豪爽，如此就更具有說服力了。

三、故事要有奶奶的味道：我們平時總喜歡說個故事給人聽，或者把今天在電視、報紙上看到的新聞，乃至自己閱讀書籍的心得，說出來分享別人。不管說故事、講笑話、談心得，不要忘記加入「奶奶的味道」，因為老奶奶講故事時的慈祥笑容、親切語氣，尤其老奶奶多少的人生閱歷，盡在其中矣，所以聽老奶奶講故事，也成為多數人美好的童年回憶。

四、用錢要有哥哥的味道：台灣有一首歌：「哥哥爸爸真偉大」；「哥哥」為什麼偉大？因為哥哥會用錢。身為大哥的人，要顧念家裡的弟妹，甚至身邊的朋友，不能自私的只顧自己，因此用錢能有大哥的味道，表示大方，對人重情義，懂得關懷別人，這樣的人才有資格當大哥。

五、裝飾要有姊姊的味道：一個家庭的裡外庭院要裝飾，一個人的衣著行為也需要裝飾。裝飾不是虛偽、做作，也不一定要講究華麗、奢侈，重要的是簡單、大方，尤其能有姊姊的味道，行儀端莊嫻淑、風采大方出眾，這就是最好的裝飾。

六、生活要有全家的味道：生活裡，可以看出一個人的品德與做人。心中有父母的人，必定能尊敬一切長者；能敬愛兄姊的人，必能照顧朋友；懂得關懷弟妹的人，定能照顧一切弱小，如此他的生活就能活出全家的味道。從家庭推廣開來，則做人的美德，倫理的觀念，處事的分寸拿捏，必能從家庭散發到社會的機關團體之中。由於他的品德能從家庭擴及到社會，日後在社會團體裡立身處事，何難之有？

活著

各位讀者，大家吉祥！

現在二十一世紀，有一個熱門的新興學說為人所重視，那就是「生命學」。生命學最大的意義，就是要「活著」。人要活著，才有意義；人要活著，才有作為；人要活著，才有語言、文字，以及各種文化的產生。假如生命不能活著，一堆枯骨，一座墓園，有什麼意義呢?就是活著，也要講究道德、人格、奉獻、歡喜，假如活著沒有感覺自己的生命不斷在昇華，對別人也沒有任何貢獻，那麼又為什麼要活著呢?所以試論「活著」的意義有四：

一、有的人為自己而活，太自私了：當今之世，為自己活著的人為數最多。所謂「人不為己，天誅地滅」，強調人應該要為自己而活；但是為自己活著，凡事都想到自己的利益，自己所要，自己所得，豈不是太自私了嗎？這個世間是眾緣合和而有，別人製造了因緣，讓我們享有，而我只想到自己，自己之外沒有別人，這種人生觀對世間大眾有何利益呢？人活著的意義，是在給人因緣，給人幫助，如果「我」之外都沒有別人，這個世間有你無你，都已經不是重要的事了。

二、有的人為別人而活，太辛苦了：為自己而活是太自私，為別人而活著，又太辛苦了。所以佛教都講「自度度人、自利利人、自覺覺人」，重視自他兩利、自他共有。不過，一個人肯為國家而活，為家人、朋友、社會活著，為責任、意義活著，雖是辛苦，也是心甘情願，那是最為難得。現在社會上流行一首歌，歌詞說「你泥中有我，我泥中有你」，確實不錯。人活著的意義，要將個人的生命流入大眾團體的生命裡，共同為世間美好的未來，譜寫樂章；能夠將辛苦轉為成就，轉為活著的意義，那麼生命的存在就很可貴了。

三、有的人為理想而活，太空洞了：世間上，務實的人，勤勞負責，為己、為家、為人、為國而努力不懈，所有世間所得，十方來十方去，都用於回饋社會大眾，最有意義。但是有些人，只為自我空洞不實的理想而活，凡事喜歡唱高調，虛浮妄想，不切實際，於人絲毫無益。如東晉時代的玄談，在歷史上為人所詬病，就是因為空洞不切實際。道家主張「清淨無為」，也讓人批為消極遁世。佛教的菩提心，能以菩提心出發，以出世的精神做入世的事業，把理想與實踐合而為一，那才是活著的意義。

四、有的人為使命而活，太沉重了：世間上有一些能人、智人，他們秉持聖賢之心，抱持使命之感，如理學家張載「為天地立心，為生民立命，為往聖繼絕學，為萬世開太平。」雖然為了使命感，活得很沉重，但如孟子說：「天將降大任於斯人也，必先苦其心志，勞其筋骨，餓其體膚，空乏其身，行拂亂其所為，所以動心忍性，增益其所不能。」我們應該慶幸我們有生命，我們的生命是活著的，我們要讓自己的生命活得有價值，就應發心立願，願為國家社會，為人民大眾而活著，這才是活著的意義。

看到「情緒」

各位讀者，大家吉祥！

人都有喜怒哀樂愛惡等情緒。情緒是內在的，外表不容易看到，但也有的人情緒表現在外，讓人一看，就知道某人情緒不好，某人在鬧情緒。怎麼樣看到人在鬧情緒呢？

一、從面孔上看到情緒：有的人一鬧情緒，就板起面孔，一副生氣的樣子，種種表情都和平常不同，所以從面孔上，就知道他在鬧情緒。鬧情緒一定有原因，大家不知道，有的人就會胡亂猜想，也有的人不予理會。實在說，鬧情緒是火燒功德林，實在划不來。

二、從語言上看到情緒：鬧情緒的人，講話忽然變得很冷淡，或者刻薄，或者偏激，都會有一些不正常的語言出現。其實，心裡有事就把它講清楚、說明白，不必鬧情緒；用鬧情緒來表現自己的不滿，也會引起別人不歡喜。

三、從眼神上看到情緒：鬧情緒的時候，不正眼看人，眼睛斜視不正看，或故意裝著不要看，別人一眼就知道他在鬧情緒了。為什麼鬧情緒？是有人對他不起，或是有人對他說錯了話？他能忍則忍，不能忍耐也要攤開來講清楚。也或者是他個人的私事，與人無關，但

也不能把不快的情緒傳染給旁邊的人。情緒是會傳染的，人生應該散播歡喜給人，怎麼可以把不愉快的情緒傳染給大家呢？

四、從動作上看到情緒：某些人一鬧情緒，就喜歡摜東西、甩門，動作誇大，好像天下的人都對不起他，他只有拿手邊的東西出氣。你摜碗、摜筷子，碗筷也沒有得罪你，摜桌、摜椅，桌椅也沒有對不起你。所以，鬧情緒失去了理智，會有很多不當的動作，人家雖然口上不說，但心中深不以為然，也因此鬧情緒人格被人看輕，自己往往不知道。情緒來的時候，自己要懂得化解，要懂得忍耐，再怎麼不歡喜的事，先忍之於口，然後忍之於面，繼而忍之於動作，而後能忍之於心，就是修養純熟了。

五、從內心上看到情緒：情緒的發生，必然是心裡不舒服，心裡不以為然，心裡覺得委屈，心裡受到壓力，他不得已，只有用情緒來抗拒、發洩。有的人能控制情緒，把情緒擺在心裡，但是「誠於中，形於外」，心中的秘密都能被人料到，何況心中的情緒怎麼會不為人所發現呢？

情緒大都是貪瞋邪見，情緒大多是嫉妒不滿，情緒大都是認為委屈不公。假如一個人沒有力量化解情緒，就如一塊布被污染了，沒有辦法洗乾淨；又如一面鏡子蒙上灰塵，不能擦拭明亮。身體污穢了，心境蒙塵了，人生怎麼會快樂呢？

人難免會有情緒起伏的時候，但是要訓練自己有化解力、開脫力、忍受力；等到自己懂得化解，能忍受情緒的時候，所謂「逆來順受」，很多事情自然就能在哈哈一笑中化之於無形了。

美國人種

各位讀者，大家吉祥！

向來被視為「移民天堂」的美國，真不愧是世界大國，光是來自世界各種族的移民之多，就堪稱為種族的大冶洪爐。由於美國移民人種很多，因此儘管美國是個重視人權的國家，講究自由、民主，反對宗教歧視、種族歧視等。不過事實上，在美國的各個種族之地位，仍有差別待遇。以下只將其中較大者列為十等，以見其同為美國移民，在美國的地位如何。

第一等、在美國的猶太人：猶太裔的美國人，一向是美國的經

濟、政治主要掌管者，例如有名的前國務卿季辛吉，就是猶太後裔。由於猶太裔在美國的地位高，經濟能力強，自然佔有特殊的地位。

第二等、在美國的歐洲人：美國人本來都是英國後裔，兩百年前從歐洲的「新教徒運動」後，來到美國建國，因此現在整個美國還是以英國為宗主國。

第三等、在美國的西裔人：西班牙、阿根廷等西裔美國人，現在在美國為數不少，因此西班牙語在美國的通用程度，僅次於英語。

第四等、在美國的中華人：華人在二十一世紀之前，其實是受到美國所歧視的。但近年來由於台灣的留學生增多，台灣的經濟成長，以及現在中國北京的國際聲望及各方面都在不斷進步，可以說現在中華人的行情已經看漲了。

第五等、在美國的日韓人：日本雖因第二次世界大戰，一度與美國結仇，但戰後日本一直以美國馬首是瞻，尤其現在日本的電器，如電鍋、電視、電冰箱，尤其TOYOTA汽車已經征服了美國；韓國則因美國曾捲入南北韓戰爭，最後未能取得真正的勝利，覺得有愧於韓國，所以美國對韓裔移民也有特別的優待。

第六等、在美國的一般中南美洲人：包括哥斯大黎加、哥倫比亞、巴拿馬等國家的人民，因為自己國家的經濟、科技等方面不及美國進步，所以一直對美國心生嚮往，紛紛以能成為美國移民為榮。

第七等、在美國的墨西哥人：墨西哥與美國國界相連，隨時隨地可以輕易跨越國界，由此國偷渡到彼國，美國因此對邊境問題傷透腦筋。不過墨西哥雖然非法移民嚴重，卻因此成為美國最大的勞工供應集團。

第八等、在美國的一般亞裔人：包括越南、菲律賓、印尼、馬來西亞、中南半島等亞裔移民，他們在美國因為語言不通，生活習慣不同，所以還不容易躋身美國中上階層的社會裡。

第九等、美國的黑人：美國自林肯在南北戰爭解放黑奴至今，經過多年歲月，黑人在美國的地位依然無法與白人相比。不過優秀的美國黑人很多，如拳王阿里、歌手惠特尼休斯頓等，都曾在世界的舞台上大放異彩。尤其奧運場上，黑人更為美國增大光彩，因此只要黑人肯力圖振作，以黑人生育力之強，未來想要競選美國總統，並非不可能。

第十等、美國的印第安人：美國政府對印第安人採集中管理的方式，由國家照顧他們的生活，所以大家相安無事。

綜觀上述美國大冶洪爐中的移民，未來必定還是要靠各自的奮鬥成就，才能定其尊卑、輕重，因此以上所舉，只是姑且論之。

旅行的層次

各位讀者，大家吉祥！

古人有「讀萬卷書，行萬里路」之說，現代人盛行觀光旅行，到處旅遊參學；佛教尤其一再提倡參訪、雲遊、行腳。

雲遊行腳就像現代的自助旅行，出家人「一缽千家飯，孤僧萬里遊」，因此世界上行腳最多的人，第一就是僧侶。其他如商賈、探險家、軍人等，都是靠著雙腳走出自己的人生，同時也走出了國家、人類的歷史。

台灣自從開放觀光以來，也鼓勵國人到世界各國觀光旅遊，以增長見聞。茲就旅遊參訪所需的經濟、時間，以及各地的文化層次，分出十個等級，提供參考：

第一級、台灣環島一周：時間大約五天，重點有花蓮的太魯閣、台東的綠島、屏東的墾丁公園、高雄市的愛河、高雄縣的佛光山、嘉義的阿里山、南投的日月潭、台北的故宮博物院，以及到陽明山泡溫泉、欣賞杜鵑花等。

第二級、香港新馬泰：此中尤以泰國的玉佛寺、馬來西亞的雙子星大樓、新加坡的市區觀光，以及香港的迪斯奈樂園，都值得一遊。

第三級、日韓：日本九州、四國的

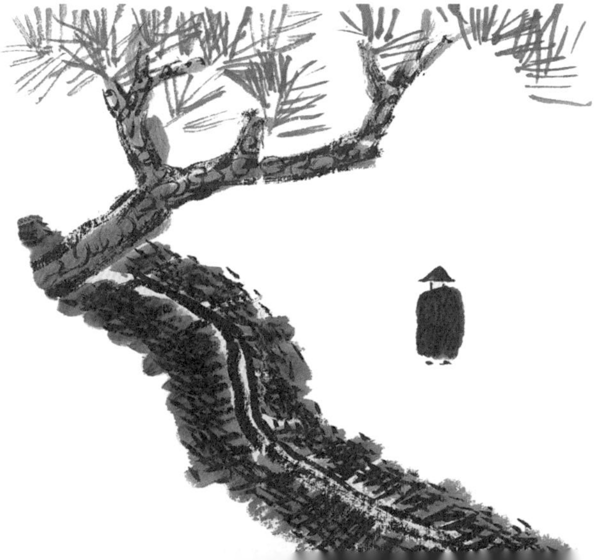

風光，京都、奈良的佛剎，以及韓國曹溪宗二十四叢林、民俗村等；攬勝之餘，也可見出日韓佛教的寺院叢林，各具特色。

第四級、非洲：埃及的金字塔、南非的野生動物園，乃至開普敦的好望角、約翰尼斯堡的南華寺等，證明非洲並非只有「苦難」與「黑暗」。

第五級、澳洲：雪梨歌劇院、大堡礁、布里斯本的黃金海岸等，處處可見澳洲人愛好藝術與大自然的特性。

第六級、美加：大峽谷、黃石公園、加拿大尼加拉瓜瀑布等，壯闊的氣勢不禁令人對大自然肅然起敬。

第七級、歐洲：羅馬競技場、希臘神殿、義大利比薩斜塔、德國奧林匹克廣場等，從中可以看出歐洲的古老文化。

第八級、蘇聯：紅場、克里姆林宮、冬宮、俄羅斯圖書館等，各自代表著政治與文化，但其實都是權利的象徵。

第九級、印度：佛陀八大聖地、恆河風光、泰姬馬哈陵、沙查汗宮殿、孟買阿姜達，處處蘊藏佛教的歷史文化與生命。

第十級、中國大陸：萬里長城、九寨溝、敦煌石窟、大足石刻、龍門、雲崗、張家界、黃山、皇陵、陝西兵馬俑、法門寺地宮、上海東方明珠、杭州西湖等，此中有不少世界級的文化遺產，也是中國人引以為傲的文化瑰寶。

當然，以上只是舉其要者，其他還有不少世界各國的名勝，如英國大英博物館、巴黎羅浮宮、巴西的亞馬遜河等，都可以各依所好，作進階的參訪學習。

時間

各位讀者，大家吉祥！

生命在那裡？《四十二章經》說：「生命在呼吸間。」因此，時間就是生命，愛惜生命就不能浪費時間。時間是維繫生命的要素，時間好像一間工廠，可以製造福德因緣，可以製造歷史功績，可以生產美好的事物，但看身為工廠主人的你如何運作了。

時間究竟有什麼用呢？

一、時間是試場：所謂「路遙知馬力，日久見人心」，時間可以檢驗一個人的人格、道德。因為一個人的

修養，短時間內不容易看出來，但是時間久了，善惡好壞就歷歷分明了。

二、時間最公平：時間是最公平的，每個人每天都擁有同樣的二十四小時，但是有的人很會利用時間，有的人卻只會浪費時間。甚至有的人覺得時間不夠用，有的人卻不知道怎麼消磨時間。

三、時間的意義：工作忙碌的人，有足夠的時間睡眠，此乃人生一大美事；挑燈夜戰的考生，讀書時間充足對他是何等重要。反之，作奸犯

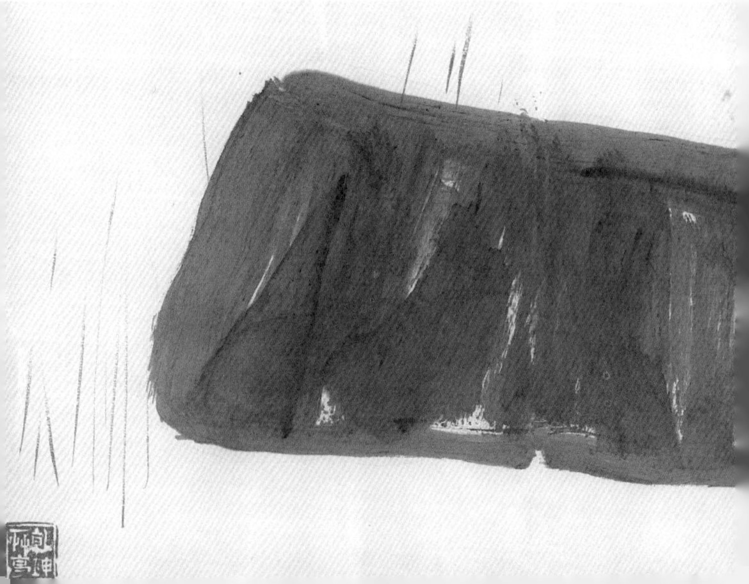

科的歹徒，擔心被警察制伏，日子難熬；疾病纏身的人，其痛苦真是度日如年。所以，時間的意義因人而有不同。

四、時間的階段性：時間是有階段性的，一天有早中晚的轉換，一年有春夏秋冬的更迭，一生有日日月月的交替。在無限的時空裡，生命則是一期一期的輪轉著。

五、時間如流星：時間如流星，剎那流逝，曾幾何時，紅顏成為老嫗，少年成為白頭，怎可不珍惜呢？有的人用時間創造功業，有的人用時間為未來培養因緣，有的人浪費時間在人我是非中。想想，你過的是哪一種日子呢？

六、時間有因果：因果就在時間裡，春天播種，秋天收成；今年播種，明年收成。人也有「三世因果」，所謂「欲知前世因，今生受者是；欲知來世果，今生做者是。」因此，對於自己的所作所為不能不慎！

七、時間是殺手：所謂「自古名將如美女，不許人間見白頭。」昔日風光隨著歲月的流逝而消散，令人不勝唏噓！時間賜給我們生命，也會斬斷我們的生命。因此，吾人蒙賜的數十年歲月應該好好利用，一旦時間消逝，一切就做不成了。

八、時間是資本：成也時間，敗也時間，時間能解決一切難解的問題。所以，擁有多少時間，就擁有多少本錢。坐擁時間，何事不成？

和人生最親近的就是時間，再好的親朋好友終會離我們而去，但是時間始終跟隨著你我。所以，沐浴陽光之下，要知道光明的可貴；飲用潔淨的清水，要知道清涼的可貴；擁有生命，更要知道時間的可貴。

時間用法

各位讀者，大家吉祥！

每個人一天都有二十四小時，但是有的人不善於規畫、安排、利用時間，讓時間徒然空過；懂得安排時間、規畫時間的人，才能把握時間，善用時間。

時間要如何安排、規畫呢？以下僅就一天二十四小時的使用法，代擬如下：

一、睡眠八小時：一般人一天的睡眠時間以八小時為正常，但也不是絕對的，有的人雖然睡不到八小時，但他只要一上床，很快就能安心入睡，因為睡眠品質好，故而一天裡都是精神飽滿。所以，睡眠時間長短是其次，重要的是，睡眠時就要一切放下，不要把煩惱、雜念帶到床上。

二、工作八小時：青壯年時期，工作時間可以不限於八小時，因為體力充沛，可以加班；到了中年以後，應以每天工作八小時為宜。不過，工作也不一定看他的時間長短，重要的是進度要完成。

三、三餐二小時：早

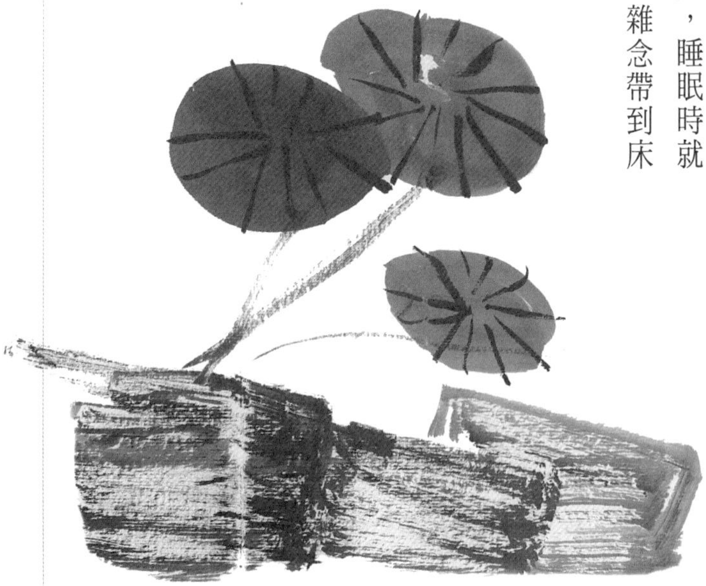

餐二十分鐘，午、晚餐各半小時，剩下的四十分鐘可放鬆身心與家人、同事或朋友做餐後的聊天，或者早餐後閱報，午餐後小寐均可。

四、盥洗一小時：每日盥洗時間十五至二十分鐘，其他的時間從容大小便利，應該足夠。

五、運動半小時：早晨的晨跑、體操，或飯後的散步，每日半小時，要持之以恆。

六、信仰修持半小時：利用早晨或晚間誦經、靜坐、禮拜三十分鐘，或早晚各十五分鐘均可。

七、讀書二小時：每天應該有的閱讀時間，可以用來看書，寫生活日記，或是做明日重要行事的備忘錄等。

八、親子娛樂一小時：每天應該有一小時的親子時間，不管上對父母，或是下與子女，都是必要的，如果久不溝通，容易疏遠。

九、各種預備一小時：生活裡難免有些突發狀況，因此預留一小時做為備用。

十、如係週六、日等例假日，可以規畫為交友、聯誼、訪問、參加共修、參與讀書會、家庭普照、整理內務、庭院大掃除等。偶而也可以安排全家出遊，至少二個月一次，即使不能遠遊，全家到公園一走也好，藉此可以培養家人共同的興趣，凝聚家人的向心力。

人生在世，自己擁有多少金錢，要懂得「量入為出」；一個人一生擁有多少時間，也應該給予規畫妥當。當然，規畫也不是刻板的一成不變，只要能掌握一個大致的原則就好。不過一旦做好計畫，要能遵守，要讓生活有規律，就如學生上課、軍人出操，都有定時安排，如此也會覺得時間很好過。讀者們不妨一試。

格局

各位讀者，大家吉祥！

「格局」是說一個東西的大小、樣式，一般指建築物的結構和格式，例如金鑾殿就是皇家的格局。

一般說來，房子的建築有長形、圓形、不規則形；但是一個有規模的建築，房子必須要方正，因為方正才有氣派，方正才能見出其雄偉的氣勢。中國的四合院建築，也都是採取方正的式樣。過去揚州天寧寺有一幅對聯說：「一寺九門天下少，兩廊十殿世間稀」，我們今日不復得睹如此雄偉的建築，但可以想見它的規模、莊嚴，必然不在話下。

房子的建築有不同的格局，一個人的心量、智慧，也可以用格局大小來表達。有的人格局很大，有的人格局很小，如何表現人的格局呢？

一、做人的格局要正直：做人各有各的格調，各有各的風範，不管你是什麼格局，「正直」是做人應該具備的基本特質。管你士農工商、各行各業，在社會上立身處世，要想讓人敬重，做人正派、耿直，這是不可缺少的條件。有的人圓滑、靈巧，性格變化莫測，讓人捉摸不定，這種人不容易為人所接受，所以做人要做得為人稱道，做得讓人尊敬，正直是不可少的要件。

二、心量的格局要寬宏：做人正直之外，還要講究心量。心量狹小，慳吝不捨，自私執著，這種人不會受人歡迎。一個人貧富、智愚、能力大小還在其次，主要的是看你的心量如何。心量大可以容人，表示格局大，就可以成就大事；心量小，不能容人，表示格局小，自然難有成就。因此，我們看一個人將來有什麼作為，先看他的心量。佛法說：「心包太虛，量周沙界」，每一個人本有的心量，大如虛空，何妨放寬心量，包容宇宙萬有，自能與之平等同觀。

三、事業的格局要深遠：現代人要創造一番事業，舉凡塑膠業、電子業、保險業、航空業、海運業等，不管什麼事業，都要有長遠的計畫。例如開設一家保險公司，不能三年五載就關門歇業，否則如何對那些參加人壽險、平安險的客戶交待？他們的保險金要向誰領取呢？他們的權利誰來保障呢？所以必須要有長遠的計畫，不能讓事業如短命王朝，「曇花一現」就無法見容於世。

四、思想的格局要廣闊：一個居高位的領導人，能否把公司、團體帶向一個嶄新的境界，就看他的思想是否廣闊。一個偉大的人物，不只是思想要縝密、周全，尤其要有海闊天空的廣博思想。所謂海闊天空的思想，並不是天馬行空不切實際，在廣闊的天空中，有他一定的日月星辰、風雨雷電，在廣闊的海洋裡，也有一定的潮汐去還。我們每一個人不妨自問：我的格局能如高山巍峨，能如海洋廣闊嗎？

浪漫

各位讀者，大家吉祥！

社會上有一種人，被稱作是「浪漫的人」。所謂「浪漫」，就表示他不拘小節，和別人不一樣，他的生活有個人獨特的色彩。像詩人、藝術家、音樂家、文學家，總有他們自己獨特的想法，他們不是很合群，但也不會影響別人的生活，一般人就稱他們為浪漫的人。

浪漫的人生，總留給人很多的遐想，所以很多人嚮往，想要過浪漫的生活。究竟什麼是浪漫呢？

一、浪跡天涯是浪漫的人生：有的人離家遠走，走到那裡？並沒有目的地，他只是喜歡飄泊，像一葉小舟，在汪洋大海裡飄呀飄，天

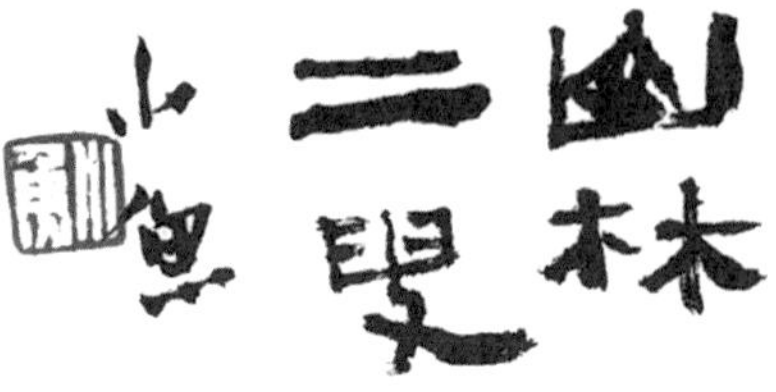

涯海角、海角天涯，不重視名位，不在意別人的看法，只在乎遊歷，即使生活窮困，一點也不介意，如此我們就說他所過的是浪漫的人生。

二、一見鍾情是浪漫的交往：青年男女偶然相識，彼此一見傾心，完全不重視傳統的門當戶對，不在乎傳統的規矩、名節，雙方展開熱戀，我們就稱其為浪漫的交往。浪漫的交往，彼此不顧慮年齡的差異，不忌諱異國鴛鴦，不在意彼此的出生背景，也不管家人的看法如何，他們一見鍾情，馬上宣布戀情，互許終身，這不稱為浪漫的交往又何？

三、晨昏顛倒是浪漫的生活：有的人習慣過

著晨昏顛倒的生活，早晨別人起床，他才剛要入睡，晚間別人入睡，他精神充沛，正好工作。生活沒有定時，三餐吃喝不正常，行為舉止也不重威儀，只喜歡率性的過日子，也不在乎別人的觀感。這種人不太計較名分地位，也不在意酬勞待遇，好像只生活在個人的世界裡，我們就稱他為浪漫的生活。

四、說風涼話是浪漫的語言：有的人喜歡說風涼話，所謂風涼話，就是不負責任的話，不切實際的話，整天風花雪月，詩酒文章，一副不食人間煙火的味道。說風涼話的人，不為人接受；喜歡說風涼話的人，以為那是浪漫的語言。如《紅樓夢》的大觀園，裡面的年輕人整天口邊只掛著花前月下、燕瘦環肥，他不講究浪漫的語言，還有什麼可講的呢？

五、不修邊幅是浪漫的形象：有一種人喜歡在外表上標新立異，以搞怪為能事，髮型與人不同、衣衫與人不同。長袍馬褂合身與否，他不計較，鞋襪圍巾大小長短，也不在意。他可能滿臉鬍鬚，不修邊幅，或者口叼香菸，身背一個背包，人前人後，都有他個人獨特的樣子，這就是他樹立出來的一種浪漫的形象。浪漫形象的人，就有浪漫的思想、浪漫的生活、浪漫的語言，這種人一生也就只能這樣浪漫下去了。

六、任性逍遙是浪漫的性格：在禪門裡，不少禪者都有浪漫的個性，乃至原始佛教裡，羅漢的言行也有浪漫的特色。我們不能說浪漫的人有什麼樣重大的缺失，只是他有一個「任性逍遙」的特點。所謂「任性逍遙，隨緣放曠，但盡凡心，別無勝解」，這是禪師悟道的境界。只是有時候「畫虎畫皮難畫骨」，究竟浪漫和悟道的差距在那裡？這就要從他任性逍遙的個性上去辨別了。

做人七品

各位讀者，大家吉祥！

身而為人不能沒有「品」，沒有「品」，生活就會與現實脫節，就會與良心相違背。人品是開展個人生命價值的關鍵，有品勝過有學，有德勝過有才，所以做人要有品格，做事要有品質，生活要有品味，有「品」才能彰顯處世態度的合理性、道德性，才能創造生活的多樣性。

一般人在日常生活中，大都只重視所謂的民生必需品、健康補給品，甚至有各種的醫療備用品等等。其實，在人生的另一個精神層次上，尤其需要有各種「營養品」，例如：

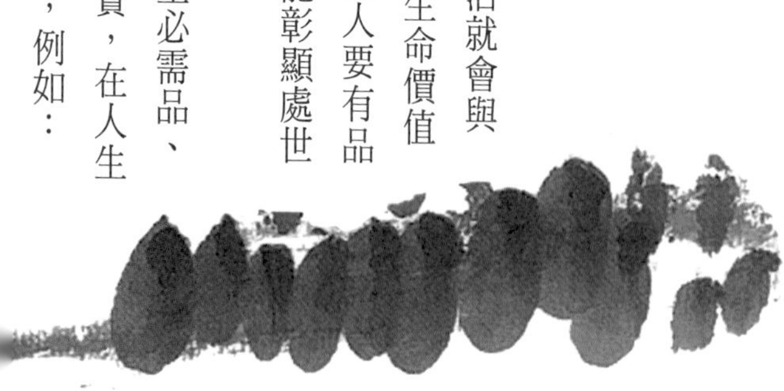

一、禮貌是必需品：有的人言行舉止總是莽莽撞撞、冒冒失失，弄得人家難以忍受，還自以為是無拘無束、灑脫自在，殊不知這是無知、幼稚的行為，所以禮貌是做人的必需品，有禮才能讓人又敬又愛。

二、信仰是補給品：人在世間生活，不論工作上、家庭裡、朋友間，多多少少都會有壓力、有誤會、有難解之處。這時候精神力量的提起便顯得格外重要，而信仰就是內心最好的補給品。正當的信仰不但有利身心發展，並能開發正確觀念。

三、能力是備用品：所謂能力，會煮菜、會寫作、會畫畫、會行政、會策畫、會講說，甚至會解圍、有創意、懂研究，都是能力。一個人寧可有能力，備而不用，但不能沒能力，致使要用時卻使不上力。

四、不守信用是違禁品：一個人沒有金錢、沒有地位，都不是什麼大不了的事，但是一個人如果失去了信用，即使賺了大錢，那也是一時的，往後就是花上千金也買不回來。所以，信用是人們最大的資產，萬萬不可失去。

五、不耐煩是半成品：養成耐煩的性格，才能勝任大事。有的人對人講話不耐煩，造成彼此嫌隙；有的人做事不耐煩，最後功虧一簣；有的人耐不住一口氣，弄得前功盡棄。所以，做人要有恆常心，切莫急於一時。

六、瞋心是毒品：根據醫學研究，人若經常動肝火，體內容易產生毒素，久而久之，毒素沒有排出，就會惹病上身，所以做人切忌瞋心動怒，才能長保健康。

七、好名是裝飾品：有名，若是經過個人努力所得，繼而藉此名

位幫助更多人，並非不好；但是如果只是沽名釣譽、愛出風頭，如此好名，就值得商榷了。好名的人，如同一個人只懂得化妝，卻不注重內在的修養；又好比一個人穿著華麗的衣服，內心卻充滿貪、瞋、愚癡，所以愛好虛名的人，其實是金玉其外，敗絮其中，更加令人不恥。

現代社會，凡事都重視品質，產品品質越好，則經久耐用；同樣的，做人也要有品德，才能歷久不敗。一個人擁有再高的學歷，再多的學問，如果做人失敗，那也只能是表面的光榮，不值得歌詠讚歎！

做人的妙訣

各位讀者，大家吉祥！

「做人難，人難做，難做人」，這是經常聽到一般人慨歎的話。事實上，做人確實很難！你有學問，他批評你不會做事；你會做事，他說你沒有專長；你有專長，他又嫌你不是通才。

你對他沒有禮貌，他還給你臉色；你對他奉承，他認為你是有求於他。你貧窮，他怕你對他有所求；你富有，他懷疑你要以金錢買動他。你是農工，他說你低賤；你是士紳，他也會嫌你與他

身分不同。總之，這樣做，那樣做，都不容易獲得對方的好感。

把人做好，這是一生的學問，有的人一生學不到做人的千百分之一二，走到那裡都是被人嫌棄，最後帶著遺憾離開人世，何其可惜。以下提供做人的四個妙訣，不妨實踐看看，也許能改變別人對你的觀感，而獲得友誼。

一、你對我錯：平時一般人總認為「我是對的，你們都不對」。其實，如果能反其道而行，自己認錯，別人都對，反而容易獲得對方的認同。舉例說，有一天，張先生問李先生：「為什麼你們家時時充滿歡樂，我們家卻天天像個戰場？」李先生回答說：「因為你們家都是好人，我們家都是壞人。」張先生不解其意，問道：「此話怎講？」李先生說：「你們家如果有人打破了茶杯，馬上就有人說：『怎麼那麼不小心，把茶杯打破了？』那一個人就回嘴說：『誰叫你把茶杯放在這邊呢？』兩個人都認為自己是對的，所以就吵起架來。我們家的人呢？有人把茶杯打破了，就說：『對不起，我把茶杯摔壞了。』另一個就說：『這不能怪你，只怪我不應該把茶杯放在那兒。』因為大家爭相認錯，當然就和諧無爭了。」因此，認錯容易消除敵對；自以為是，糾紛不斷。

二、你大我小：做人要靠德望、聲望來受人尊敬，如果自認為大，眾人不服。如同五指爭大，個個都有特點；然而小拇指雖然最小，但是當五指合掌，是他最靠近長輩、聖賢。所以人和人相處，尊重他、讚美他，就算是輩分、職位比較低的人，也不可以小看他、輕視他。佛教裡的常不輕菩薩，對糟蹋他的人都說：「我不敢輕視汝等，汝等皆當作佛。」如果人人都能存有此心，世界還會有什麼紛爭呢？

三、你有我無：一般人的陋習，都希望自己擁有，別人有無不是重要。但是別人沒有，只有你有，他會放不下你；假如讓別人先有，自己沒有，反而獲得更多的同情，甚至比擁有的人獲得更多。有，不要太爭、太計較，有權有勢、有名有位，有是有窮有盡、有限有量；無權無勢、無名無位，無是無窮無盡、無量無邊。所以，表面上看起來，有比較令人羨慕，無會給人輕視。實際上，世間上的太陽、月亮，他們連一間房子都沒有，但可以恆常不變；千年老松在風雨飄搖中，屹立在山崖上，可以活上幾千年。黃金為人所爭，因其寶貴，所以粉身碎骨；石頭價值不是很高，他能保持大、保持重，何其快哉！

四、你樂我苦：每一個人都希望快樂，不要痛苦。但是我快樂，他痛苦，他會放過我嗎？假如通達人情的人，讓他快樂；他快樂了，就不會計較我的快樂。一般在高位的人享受快樂，容易被人推翻，甚至打倒；假如你能把快樂給人，看起來是吃虧，實際上是占便宜。例如，你不願意掃地，你休息，我來掃；碗筷很髒，你不願意整理，我來整理。一些舉手之勞、之苦，何必計較？世界之大，能經得起苦難磨練的人，都能與松柏常青；反之，安逸一時，圖快短期，容易被時代、人情所淘汰。

因此，以上做人的妙訣，或許還不夠道其妙，但是能有此觀念，也夠一生受用的了。

健身運動

各位讀者，大家吉祥！

現代人非常注重健身，有的從飲食養生上健身，有的從衛生保健上健身，有的從體能鍛鍊上健身，有的從日常運動上健身。健身運動愈來愈普遍，只是過去的機關學校，早晨都有早操與朝會，現在慢慢減少，或者根本沒有了，甚為可惜。

運動是最簡易的自我保健之道，但是必須持之以恆，如果沒有恆心、耐力，所謂「一日暴之，十日寒之」，不能經常、持久的運動，

效果有限。

所謂運動，倒不一定指職業性，或專門性的運動，如田徑賽跑、各種球類，甚至花錢消磨時間的高爾夫球等。我們所提倡的運動，只是單純的讓一個人能活動身體。例如一般上班族，就算是主管，偶而也可以自己起身倒杯茶，清理一下碎紙簍；辦公室裡的同事，主動分擔清掃工作，讓身體有機會多多活動。因為身體就如一部機器，如果一直閒置不動，不是生鏽，就是慢慢失去動力。

現在建議大家所做的健身運動，都是簡單易行，每天只要花一點時間，持續運動，對健康必然大有助益。以下略述之：

一、走路：根據現在醫學及科學的種種研究結果顯示，維持身體健康，走路最有功效，如能每天一萬步最好，否則至少也要每日「飯後千步走」，可以「活到九十九」。

二、**慢跑或者快步走**：這兩項運動對年老者比較不適合，老年人可以改採散步或慢行，一樣也是運動。

三、**柔軟操**：中國的八段錦、太極拳、佛光鬆柔操、達摩十二式等，都非常有益。

四、**有氧運動**：現在有些電視台，會在清晨的節目中安插五到十分鐘的有氧運動時間，沒有時間自己運動的人，不妨跟著一起做。

五、**爬山**：可以到左近的小山，或者開車到較遠的山岳爬山，甚至走斜坡或爬樓梯都好。

六、**跑步機**：買一部跑步機在家裡，每天跑到流汗為止，或是騎腳踏車也是運動。

七、**跳繩**：跳繩一者不會吵到別人，同時也無需很大的空間，只要在自家後院就可運動，所以隨時可行。

八、**甩手或拍手**：有的人每天搖動雙臂二百下、三百下，有的人高舉雙臂幾分鐘，或者拍手一千次，或者拉筋數十次，都能達到運動的效果。

九、**就地踏步**：雖說是「就地」踏步，但也不是那麼固定，可以偶而向前，偶而向後。前後踏步，也如跑步一樣。

十、**毛巾操**：一條毛巾，雙手一拉，高舉過頭，可以上下、左右擺動，或彎腰、曲身，隨意運動。

以上所舉，雖不是正規的運動，但在個人的家居生活裡，隨時方便可行，都能達到運動的效果。甚至可以配合做家務，如掃地、澆花、擦窗淨几，或是田園作務等。總之，勞動有益，活著就是要動。

健康八法

各位讀者，大家吉祥！

每個人都希望擁有健康的身體，不希望病痛纏身，但是健康有健康的因果，不重視健康之因，那來健康之果呢？現在提供「健康八法」如下：

一、**飲食清淡**：「病從口入」，人生許多疾病，都是從口而入，所以要想身體健康，對於每天的飲食不能不注意。例如，定時定量，不暴飲暴食，吃得清淡，不要讓身體負擔太重。現在的飲食，太油、太鹹、太辣、太燥，都非飲食保健之道。

二、**作息正常**：有的人生活起居不正常，作息時間不依晝夜規律運行，例如早上不起床，晚上不睡覺，或者忙時不休息，休息時完全不肯做一點事。忙閒不均，早晚不定，尤其熬夜，過分辛勞，就算是鐵鑄銅人，也禁不起長期的消耗。

三、**適度運動**：人既稱為「動物」，每天就應該要「動」。「動」就是生命，像現在朝九晚五的公務員每日坐辦公桌，學生每天坐在教室、圖書館裡，如果長坐而不運動，遲早會對健康產生不利。過去的公司、團體、行號，主張早操、晨跑；現在由於房屋增多，地稠人密，想要運動也不容易。不過像王永慶先生，每天只要一條毛巾，一樣可以藉著毛巾操運動，保持身體健康；高清愿先生喜歡原地跑步，所以只要一塊磚頭的一尺見方之地，每天就能跑個上萬步。如果能夠每天定時運動最好，否則至少要早晚跑步、做操，尤其現在世界有一個共識，即每天行走一萬步，再沒有比走路更好的運動了。

四、心平氣和：一個人的情緒要正常，不要憂鬱、暴怒、急躁、妒恨。心平氣和的人生，如同天朗氣清，萬物都會微笑，因此不要把自己的世界，搞得每天都像「山雨欲來風滿樓」，如此不但自己不快樂，跟你一起生活的家人、朋友也不會歡喜。所以，心平氣和的人生，安詳自在，皆大歡喜。

五、樂觀進取：人的健康，不只是身體外表上有充沛的體力，也要重視內心的豁達樂觀。心中樂觀，就如房屋通風、採光良好。心裡要時時想到為人、為家、為國、為社會，要進取、要奮發、要飛揚、要發展，這就是動力。有動力，自然會增進身體的健康。

六、營養均衡：健康之道，倒不一定在於吃得飽或吃得好，主要是每日攝取的營養要夠，而且要均衡，如此腸胃吸收正常，自然產生充足的體力，自然不容易為疾病所侵犯。

七、**正當嗜好**：人都有嗜好，也就是興趣。有人喜歡爬山，有人喜歡游泳，有人打球跑步，有人旅行參訪，有人黃昏散步，有人晨起運動。好的興趣嗜好非常重要，但現代人天天賴在電視機前，或是流連在網咖裡，都非正常的嗜好。

八、**心理健康**：身體健康，心理才安穩；心理安穩，身體才會健康。我們要用信仰來安頓心理，用慈悲來陪伴心理，讓佛法智慧常駐在心裡，所以有佛法就能解脫自在。

以上「健康八法」，不但要注重身體的健康，尤其思想、見解、心靈的健康，更為重要。

教育

各位讀者，大家吉祥！

人的最大本錢，就是「教育」，一個人儘管天縱英才，資質優異，後天的教育仍然非常重要。教育可以變化氣質，增加知識，明白道理，提昇人格。過去的人想要了解一個國家強弱，都先問這個國家有道無道？乃至一個領導人好壞，也是看他有道無道？道德觀念的有無，就看他對教育的重視與否？所以教育關乎一個國家的發展。

發展教育，也要懂得掌握要點，有的國家一味學習外來的文化，廢棄了自己民族文化之所長；有的國家廢止博大悠久的歷史文化，只看重眼前的蠅頭小利。以下茲以教育的四點原則，貢獻諸方：

一、生活重於知識：一般人以為教育就是學多少字、讀多少書、知道多少常識。其實，教育最重要的是正確的價值觀與生活態度，例如吃飯要有感恩的心情，穿衣要有物力惟艱的了解；生活學的博士都懂得，一切都有因果，都是得來不易。在生活裡要有因果觀，有因果觀念就是教育；懂得感恩圖報、發心回饋，就是教育。有了生活的教育，就與單純獲取知識的教育不一樣了。

二、道德重於功利：有的人以為教育只是為了拿到畢業文憑，可以謀得高薪的工作，所謂「名利雙收」就是受教育的目的。實際上在教育的內涵裡，功利的價值只是渺乎小哉，道德才是教育的真正意義。例如，印度的甘地以不抵抗、不合作主義，為萬千民眾爭取權益，樹立了自己的道德人格，豈是萬千書卷所能比。天主教的德蕾莎修女，一生救人無數，但是他更為人敬重的是，一生感謝貧窮。教育固然可以給人勵志，發掘才華；貧窮也是一種磨練，可以將自己的本性提昇。中國古來多少帝王，如秦始皇、紂王、幽王等，將人與之相比，人皆不喜，因為無道；反之，有的人一生窮途潦倒，如蔡邕、蘇東坡等，他們風骨嶙峋，為人所重，可見道德重於功利。

三、**普濟重於接受**：現在教育最大的缺點，就是重視功利，養成學子自私、貪吝，凡事只為自己圖利益，不為天下蒼生謀福。但是真正的教育，必須要有菩薩的發心，如釋迦牟尼佛及跟隨他的十大弟子等千二百五十人、耶穌的十大門徒、孔子的七十二賢人等，這許多人因為受到老師教育的感染，興起獻身普世人類的發心，因此能留名青史。所以，能有「先天下之憂而憂，後天下之樂而樂」的普濟思想，才能顯得出受教育的學子，其人格不同於一般。

四、**自覺重於他教**：在佛教裡的學生有二種，一種是「聲聞」，一種是「緣覺」。聲聞是經由老師教導而悟道，緣覺就不一定有老師教導，自己觀因緣，自發自動，自己追尋，自我覺悟。所以，教育有家庭教育、學校教育、社會教育、團體教育，但真正的教育在於自己，自己無心於教，所謂「言者諄諄，聽者藐藐」，也無濟於事。佛教的教育，就是「覺」的教育，但是先要「自覺」，而後「覺他」進而才能「覺滿」。

俗云：「一斗米養一個聖賢，一擔米養一個江洋大盜」。孔子的學生也不一定個個都成為聖賢，陽虎、子路，為其所不喜也；佛陀也有提婆達多為叛徒也。所以，沒有自覺的教育，不易成也，自己沒有自覺要向上、向好、向善，即使有再好的明師，也教不成，所以教育要靠「自覺」最重要。

眼淚

各位讀者，大家吉祥！

人是哭著到世間上來的，流淚是自然的現象。眼淚有兩種，一種是生理現象，一種是情義的激盪。所謂「情淚」，是人生表達喜怒哀樂的感受，分述如下：

一、**悲傷的眼淚**：人在心情不好的時候，就會產生悲傷的情緒，這時候一般人往往會流淚。所謂「多愁善感」，經不起外境的感染，總容易流淚。我們見到老病傷殘，看到生離死別，也會灑下一滴同情之淚。尤其面對失意的人生、無力的時候、委屈的心情、冤枉的無奈，都容易讓人流下悲傷的眼淚。

二、歡喜的眼淚：眼淚有悲傷的，也有歡喜的。所謂「喜極而泣」，我們不是見過許多獲獎的人，在領獎的那一刻，情不自禁的流著眼淚抱獎而歸嗎？有的人見到久別重逢的親人，或是乍聞意外的喜訊，都會不自覺的流下眼淚。另外，喜獲麟兒、喜見金榜題名、喜獲意外所得，都能賺人歡喜的眼淚。

三、感動的眼淚：感動是由於外境引發自己或歡喜、或悲哀的情緒，只要情境讓自己感動，都會流淚。有的人為了一句話感動而流淚，有的人為了一件事感動而流淚；不管是自己或別人的好事、壞事，自己動了心，有所感，都會流淚。甚至開悟證果的大阿羅漢，如須菩提聽聞《金剛經》時，聽到微妙處，也不禁「涕淚悲泣」。

四、懷舊的眼淚：人有懷舊的心情，常常憶往憶舊，所謂「白頭宮女話當年」，當往事擁上心頭，總覺「往事不堪回首」，不禁感

傷落淚。一些老兵，經常回憶往昔所經歷的戰役，談到死傷的同袍，不禁流下懷舊的眼淚。誰說「英雄有淚不輕彈」？英雄更多悲歡離合的往事，點點滴滴，不說自己流淚，別人聽了也會感動而一掬同情之淚。

五、報恩的眼淚：有些人受了別人的恩惠，極思圖報，一旦有機會得以報恩的時候，也會感動流淚。京劇裡的「鎖麟囊」，貧家女獲得了財寶，心心念念亟思圖報；一直到她得以報恩的時候，那種感動的心情，不禁淚如泉湧。國劇裡的「趙氏孤兒」，程嬰捨子救孤，那樣的忠肝義膽，怎能不叫人感動流淚呢？報恩是富貴人的行為，沒有報恩的心，只想取之於人，這是貧窮的人生。做人寧可報恩而感動流淚，也不要貪圖所得而歡喜。

六、慈悲的眼淚：佛教裡有一位空也上人，一日外出雲遊，遇到一群土匪想要加害於他，空也上人不禁流下了眼淚。盜賊一見，笑他是個沒有用的出家人，貪生怕死，這麼輕易就流淚。空也上人說：「我不是因為怕你們而流淚，而是想到你們如此行為，將來必將墮入地獄。想到你們將來要受的苦果，不免為你們悲傷而流淚。」另外，佛教裡還有一位「常啼菩薩」，因為經常流淚，所以連名字都叫「經常啼哭的菩薩」。常啼菩薩為何經常啼哭呢？他是不忍眾生受苦，不忍眾生蒙難，不禁心生慈悲，眼淚也就因此流了下來。

人如果到了經常因為感動、同情、感恩、歡喜、慈悲而流眼淚，那也是一種修行。所以眼淚好不好？該不該流？就看你流淚的意義和價值了。

脫困

各位讀者，大家吉祥！

經云：「三界無安，國土危脆。」有情眾生在世間生存，常常會遇到一些困難，例如：飛機在空中遇到亂流、河堤因洪水氾濫而決堤、身在高樓忽然遇到地震、房屋失火而逃生無門等。不管個人也好，團體也好，脫困成為人生重大的求生課題。

其實不只是人，凡是有生命的動物，當牠遇到災難，生命受到威脅時，總是不惜一切的想辦法脫困。試將動物脫困的方法，略說如下：

一、**臭鼬放屁**：臭鼬是一種體內含有臭腺的動物，平時會排放一種臭氣，臭不可聞，尤其遇到敵人靠近時，牠會冷不防的噴出臭氣，把對方臭得難以呼吸，自己則趁機逃跑。

二、**烏龜裝死**：烏龜被人捕捉，或是遇有小孩頑皮作弄牠時，聰明的烏龜會把頭縮進殼裡，然後裝死，任憑你怎麼逗弄，牠都是動也不動，等到玩弄牠的人走了，才又把頭伸出來恢復活動。

三、**蝸牛縮頭**：蝸牛含有豐富的蛋白質，經常成為其他動物裹腹的食物，如鳥類、鼠類、蛇類、野貓等，都是蝸牛的天敵。蝸牛禦敵的方法，除了縮回殼內，另外還會分泌大量黏液，或分泌刺激性的化學物質來退敵。

四、**烏賊噴墨**：烏賊又叫「墨魚」，當牠遇到攻擊的時候，會釋放如墨汁一般的液體，就像煙幕彈一樣，自己便在煙幕的掩護下逃跑，成為逃命的利器。

五、**刺蝟搏身**：刺蝟是一種哺乳類動物，全身長滿刺人之毛，唯獨腹部的皮毛柔軟，容易成為敵人攻擊的致命處，所以每當遇到危險時，刺蝟就把全身搏起來，利用背部的利刺來保護自己。

六、**河豚吸氣**：在印度洋和地中海一帶，有一種叫刺河豚的魚類，身上長滿如針一般的鱗片，平時服貼在身體表面，一旦遇到危險，刺河豚就會大口吸氣，使身體膨脹成一個圓球，全身的刺狀鱗片自然向四周豎起，藉以禦敵，直到危險解除後，刺河豚再大大鬆一口氣，放出空氣讓身體恢復原狀。

七、**狡兔三窟**：「狡兔三窟」是中國民間有名的故事，說明一隻聰明的兔子，當牠築窩時就已懂得預作退路而同時造三個窟，以防獵人獵捕時可以適時脫困，這就是牠的逃生之道。

八、**壁虎斷尾**：牆壁上的壁虎，一旦遇到襲擊，牠會即刻斷尾，當你注意著牠的尾巴時，牠已逃脫無蹤，這是牠的求生之計。

從以上觀之，動物在遇到危險時，都懂得自我保護，甚至不惜犧牲一小部分以保全生命，此即人類所謂「留得青山在，不怕沒柴燒」。

人比動物更聰明，平時有憂患意識，對危險的防範，乃至面對大自然的災害，都與動物一樣懂得設法脫困。甚至，人在遇到社會上的政治、派系、集團圍剿時，也都懂得急流勇退。乃至生逢亂世時，只得隱居山林，韜光養晦，不敢稍露鋒芒，以免遭來橫禍。尤其自古以來，「大智若愚」更是智者與聖賢脫困的方法。只是人間仍有多數人，往往為了金錢、名位、愛情，不惜一切讓自己陷入險境，看起來一般人似乎反不如動物聰明，可不悲哉。

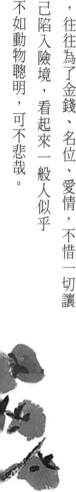

處世箴言

各位讀者，大家吉祥！

做人難，處事難，其實世間上有什麼事不難？因為世道多艱難，所以坊間有很多關於處世箴言、處世之道、處世哲學的專書。以下針對處世之道，提出十事做為參考：

一、**堅定而不固執**：人與人相處，要靠語言溝通。說話最怕囉嗦，言不及義，所以語言要簡單扼要，尤其語意堅定，不可模稜兩可，但是語氣要委婉，不可固執己見，以免經常與人引生口角。

二、**忍讓而不軟弱**：與人談話議事，不是一再虛以委蛇，一味的講客氣話；說話固然不能太強硬，但也不能軟弱無力，自己的立場要

堅定。只是必須注意禮貌，講話修辭造句，要迴避尖銳的語句，即使有所意見提出，也要讓人聽了能歡喜接受，才是上策。

三、謹慎而不膽小：人與人交往時，如果交情不到，說話要謹慎注意，不要有語病讓人抓著小辮子，必須謹慎，以防落人口實。但是也不是遇事退縮膽小，自己要有自信，不要膽怯，當嚴則嚴，尤其應該拒絕的事要勇敢說明白，以免事後反悔。

四、勇敢而不魯莽：處世能見義勇為，讓人感到你是一個勇敢的人，可以擔當責任，能夠護持大眾，肯於承擔而不畏首畏尾固然很

好；但是也不能魯莽行事，凡事要經冷靜思考，慎下決定，才能圓滿周全。

五、沉著而不呆板：說話、做事、待人，都應該沉著、穩健，但不是遲緩、呆板，一副手足無所措的樣子，讓人替你緊張，為你同情。尤其當得沉著時，不要輕易發言，不要輕率行事，要沉著的看看周圍的氣氛，時時關照在大眾中我會得罪別人嗎？我的承諾適當嗎？能如此就算沉著而不呆板了。

六、自謙而不自卑：朋友當中，我們都喜歡謙虛的人，一個人傲慢自大，別人口中不說，但心中早已對你感到不滿。因此，不要做個惹人討厭的人，自己的態度要清高，語言要謙卑，如此走遍天下，都不會遭到別人的障礙。

七、活潑而不輕浮：在我們的朋友當中，有人很活潑，但活潑過了頭，成為輕浮；有的人太過莊重，莊重過分成為呆板。最好能夠靈巧活用，而不拘泥、客套，尤其莊重幽默而不輕浮，如此必能受人歡迎。

八、機警而不多疑：在群眾中與人相處，如果不機警，被人暗暗指責、恥笑都不自知，所以要時時注意別人的態度。所謂「察言觀色」，要留意不要得罪別人，讓人不歡喜，但也不可凡事多疑，縱使人家對我們有意見，也要能哈哈一笑，不必多事生疑，惹出更多的麻煩。

九、自強而不自驕：在社會上，人要自強不息，事業做得愈大愈好，正當淨財多多益善，三教九流的朋友廣為交往，所謂「在家靠父母，出外靠朋友」。人對自己的工作、事業要自立自強，但不能驕慢，因為你偉大，比你偉大的人還很多；你有錢，有很多人比你更有錢，所以不能顯出驕慢，讓人看不起。

十、豪放而不粗魯：做人不要小家氣派，應該要擺出一點英雄本色，要豪放、坦蕩，但不能粗魯、粗俗，尤其不能粗暴、粗鄙，否則必將為人鄙視。

以上十事，提供給大家，希望各自檢點為要。

不縮水

各位讀者，大家吉祥！

社會上，工商界的買賣進出「大斗小秤」，這是重量縮水；建築工程「偷工減料」，這是品質縮水。有的人喜歡說大話，卻不能兌現，這是信用縮水。

縮水的現象，就如買了一丈的布匹，回家經過下水一洗，只剩八尺。衣服剛買的時候很合身，經過一次換洗後，縮水的衣服就無法再穿了。在商場上，有了縮水的行為，沒有競爭力，無法永遠立足，所以有人把縮水的行為，訂名為「一次買賣」，真是十分

貼切。

一個人有了縮水的行為，會遭人唾棄，所以人生應該「不縮水」，例如：

一、信用承諾不縮水：

一個人能被社會肯定是個有信用的人，就靠他平時與人來往，所做的承諾都能兌現不縮水。一個守時的人，對時間不縮水，一件事承諾了什麼時候交差，絕對如期完成。這不僅是守時，也是守

信；有了信用，人格受人尊重、肯定，走到那裡都能安身立足。

二、公平正義不縮水：有的人生性充滿正義感，在公平正義之前絕對不退縮，不讓公平正義縮水；有的人為了息事寧人，經常勸人讓步、妥協，使得公平正義有了縮水的狀況。社會上，有一些人不講公平正義，當然讓公平正義縮水，但是有時候更讓人感歎的是，世間根本沒有公平正義可言。例如，男女平等、童叟無欺、一視同仁等，這不但是公平，也是正義；只是我們看到社會上，孤兒寡母被欺負、傷殘疾病被賤視、嫌貧愛富被認為是正常，這一切公平嗎？這是人間的正義嗎？

三、**服務品質**不縮水：現在社會上，最讓人感到光明、溫馨的事，就是重視服務品質。過去官僚、對立、拒絕的時代，早已為人所唾棄，現在的社會，一切講究服務至上，甚至政治人物都叫「公僕」，很多人想要獲得社會重視，都要打著「為民服務」的旗幟。現在的「服務業」更如雨後春筍般，紛紛成立，現在的律師、代書、旅行社、航空、海運、醫院、報社、電台等，都講究服務品質。其實，不管任何團體、任何行業，如果你的服務品質好，自然能增加顧客、會員，所以服務品質不能縮水。

四、道德操守不縮水：人生有許多不能縮水的事，尤其道德、操守，更是不能縮水。一個人在社會上立足，好不容易樹立了良好的形象，但是一次的見利忘義，讓道德操守縮了水。有的人憑著自己的愛瞋，對社會人事有了雙重的評論標準，甚至只有立場，沒有是非，讓人感覺他的道德形象縮了水，真是划不來。所以，一些君子聖賢，為了維護自己的道德操守，寧可自己吃虧、委屈，絕對不肯讓自己的道德操守縮水。不縮水，才能讓人信賴，才能受人尊敬。

回應

各位讀者，大家吉祥！

人在世間，無論做什麼事，都要有精神；精神的感受，就是要靠回應。我愛你，你不愛我，表示沒有回應。男生追求女士，女士沒有回應，表示對他無意，他愛的精神、心意就無法提起。我向你微笑，舉手為禮，你看都不看我一眼；你沒有回應，我就沒有辦法和你接近了。我肚子餓了要吃飯，吃了會飽，飽就是回應；我口渴要喝水，水喝了會解渴，就是回應。有回應的事情，可以一做再做；沒有回應，就要慢慢畫上休止符了。

回應也有一定的條件與原理，例如：

一、山谷回應同樣的聲音：有個小孩在山裡走路，不小心被石頭絆了一跤，他站起來把剛才讓他絆倒的石頭摜在地上，生氣的大聲叫著：我恨你！對面的山谷即時傳回一聲：我恨你！兒童更加生氣，又再大叫：我恨你！那邊的山谷也再次傳來更大的一聲：我恨你！兒童聽了不知如何是好。這時爸爸上前跟兒子說：不要講「我恨你」，你重新講「我愛你」。兒童聽了爸爸的話，大叫：我愛你！山谷也傳來一聲：我愛你！爸爸說再叫一聲，山谷又傳來一聲我愛你。這時爸爸對兒子說道：孩子！你恨人，人恨你；你愛人，人就愛你，這是自然的回應！

二、對話回應對等的道理：寫文章，最怕的就是文不對題；相互對話，講究的就是對等的道理。我曾有一次

在日本參訪，日本電視台正播出談話性節目，二位老教授在談生死。前後二個小時，二位老教授對生死問題，侃侃而談，從各種角度表示看法，我認為那就是對等的談話。現在台灣的電視台，也有談話性節目，盡管大家見解不同，因為有主題，各有發揮，那也算是對等的談話。對等的談話，不管談論時間多麼長久，都會讓人感覺意猶未盡。但是有時候某些人的談話，讓人覺得「話不投機半句多」，那就是沒有回應對等的道理，自然給人談不下去的感覺。

三、閱讀回應內心的感動：人要養成每天讀書的習慣。讀書也要有回應，讀書的回應就是感動，就是感想，就是心得。讀書最重要的，要讀出興趣來。青少年讀書，讀到《三國演義》、《水滸傳》，可以廢寢忘食；有些老年學者，皓首窮經，一生讀書，書在他的心海裡有很多的回應。讀書而有心得、有感受、有啟發、有思想，書中的道理在內心裡有了回應，這是多麼美好的事。

四、受惠回應加倍的報答：父母養育我們，這是父母對我們的恩惠；師長教導我們，這是師長對我們的恩惠；社會供養我們生存，這是社會對我們的恩惠。別人有恩惠於我們，我們又如何來知恩報德呢？光是受人的恩惠，表示貧窮；假如給人一些報恩的回應，就表示自己也是富有的人。所謂「滴水之恩，湧泉以報」，受人恩惠，萬分感恩；如能做到加倍的報答，才算是受惠之後應有的回應！

人情六不

各位讀者，大家吉祥！

人有喜怒哀樂等情緒，只要遇到境界，很容易就會「心隨境轉」，心靈的情緒就會隨著變動。但是，人總要有修養，儒家講「不動心」，道家講「不二意」，佛教更講「不分別」，都是要我們在人情相處上，不要太過分別，不要太容易動心。以下茲以「人情六不」，提供參考：

一、人我不比較：人比人，氣死人！人與人之間，經常互相比較：你比我有錢，他比我美貌。比來比去，人生那有快樂可言？有一首通俗詩偈：「你騎馬來我騎驢，看看眼前我不如；回頭一見推車漢，比上不足比下餘。」許多殘障人士都懂得「天生我才必有用」，我見過沒有雙手的人，可以用腳穿針引線；眼睛全盲的人，能夠吹彈歌舞。甚至台灣的漸凍人陳宏先生，只靠眼睛眨動，透過注音板，再由妻子為他記錄，都能出版多本書籍。想到他們，只有慚愧，那裡還要比較什麼呢？

二、彼此不計較：人類有斤斤計較的習慣，你借我半斤，我還給你八兩。人從童年開始，在小朋友之間就會計較：我給你卡片，你給過我什麼？我給你糖果，你有什麼給我吃過？所謂

「錙銖必較」，即使相知的朋友，也總是看你對我的交情深淺，我也還給你那樣的程度。除非心量寬大的人「施捨不望報」，金錢、感情、友誼，不管給你多少，並不計較你還給我若干。能有這樣的心量，才是所謂「君子無求品自高」。

三、違逆不生氣：人在順境裡歡喜，容易做到；在逆境裡能不生氣，就不是容易的事了。一個人受飢受寒，受苦受難，都還罷了，受氣，就難以忍耐了。有人說：「佛爭一爐香，人爭一口氣。」一口氣又是價值如何呢？為了少許的金錢，朋友親人鬧上法庭；為了要爭一口氣，千里致書給在京的父親。其實「逆境來時順境因，人情疏處道情親，夢中何必爭人我，放下身心見乾坤」。人生有什麼好爭、有什麼好氣的呢？

四、好壞不分別：好的就是好的，壞的就是壞的，好人壞人，幼小的兒童就從這樣開始學習分別。好人的標準怎麼訂定?壞人的是非怎麼論斷?好人，有好人中的壞人;壞人，也有壞人中的好人。除非大忠大奸，大好大壞，一般生活裡的是非好壞，不要那麼多的分別、計較。中國人講的厚道，大概就是「無分別」的初階學習吧!

五、受辱不懷恨：有些人「忘恩記仇」，也有一些人，讚美容易忘記，受辱耿耿於懷。唾面自乾，何等的修養!受辱不恨，何等自在!《金剛經》說：若有人業報應墮地獄，假如能忍受別人的侮辱，忍受人我的是非，自能消除罪業，當得阿耨多羅三藐三菩提。受辱不懷恨，修行者應當如此。

六、見好不嫉妒：見不得別人好，這是人的劣根性;同歸於盡，更是人性的醜陋面。其實，見到別人好，能有分享的觀念，何必嫉妒呢?見好歡喜，見賢思齊，這是人生最大的修養。

大丈夫

各位讀者，大家吉祥！

世界上的男士，人人都希望做個英雄好漢，做個頂天立地的大丈夫。過去的英雄好漢，需要有十八般武藝，無影神拳之功、摘葉飛花之能，樣樣來得；要做個大丈夫，就需要學富五車，在社會上出人頭地，揚名立萬。但現在的英雄好漢大丈夫，都不需要這些本領了，現在的大丈夫只要能做到：

一、說到做到：說話算數，有信用，說到的必能做到，這應該就是英雄好漢大丈夫了。所謂「君子一言既出，駟馬難追」，君子應該就是英雄，就是大丈夫塑造而成的。我要孝順父母，我要和睦鄰里，

我要服務社會，我要利濟群生，我願工作勤奮，我願擔負責任等等，只要能說到做到，你就是英雄好漢大丈夫了。

二、公是公非：是英雄好漢大丈夫，最忌諱的是不能婆婆媽媽，不能是非不明，不能善惡不分，要能明白公是公非。

個人的事不可以太過執著，反之，社會的輿論，大眾的認知，如果你無視於公眾的是非，就是不明是非的人。做人，盡量不能太過重視利害，應該重視是非；是的，勇往直前，非的，立刻不做。是非之間的原則，不可以有隱晦不明的地帶。能做到認清是非，輕於利害，這應該就是英雄好漢大丈夫的行為了。

三、**見義勇為**：英雄好漢大丈夫的語言、行為，最標準的，應該就是見義勇為了。鳳凰沒有梧桐樹不肯棲息，君子沒有道義的事絕對不為。過去中國人崇拜俠義精神，行俠仗義的人，我們就尊他為英雄好漢大丈夫。一個人能做到非義不取，非禮不作，非善不說，像唐三藏玄奘大師「行絕虛浮，言無名利」，他的德行操守就為人所欽敬。但是如果能進而見義勇為，凡為了維護公理正義之事，雖赴湯蹈火，在所不辭，所謂「殺身成仁，捨生取義」，那就更是英雄好漢大丈夫的模範了。

四、濟弱扶貧：既是英雄好漢大丈夫，就不能欺負弱小，不能賤視貧窮。現在的父母，讓兒童作賤小貓小狗，甚至花個幾塊錢，到街上路邊的攤位撈魚，玩弄生命。從小就養成他不愛護弱小，不尊重生命的可貴，將來怎麼能成為英雄好漢大丈夫呢？父母都有望子成龍的心理，如果希望子女將來成為英雄好漢大丈夫，首先就要讓他學習養成濟弱扶貧的觀念。

五、坦誠正直：我們自己是不是英雄好漢，是不是一個大丈夫？可以問一問自己：我是否能坦誠正直？是英雄，就不諉過於人；是大丈夫，就不能做縮頭烏龜。遇事勇於負責任、能擔當，做一個堂堂正正的好男兒，所謂「為天地立心，為生民立命，為往聖繼絕學，為萬世開太平」，那就是英雄好漢大丈夫了。

傳承

各位讀者，大家吉祥！

人類的繁衍，就像燃燒的木材，一根燒完再接一根，新的一根燒完又再接續下一根，如此接連不斷，叫做「薪火相傳」。因為人類的生命有階段性，一期一期的不能間斷，必須相繼持續，才能生生不息，所以生命之火要有「傳承」。傳承在佛教裡叫「傳燈」，一燈之光可以分燈無數，燈燈相映，不但燈火相傳，也燈光普照。

生命要有傳承，才能代代相傳；事業要有傳承，才能永續經營。世間凡事都要有傳承，傳承的意義，略述如下：

一、傳承傳統技藝，可以保護文化遺產：中國是一個文化古國，中國人發明的指南針、火藥、印刷術、蠶絲等，都是中國文化的產物，不但在中國流傳，並且傳播到外國，所以今日全世界之文明，都受中國文化的孕育、貢獻。中國近代的工藝也發展迅速，如瓷器、陶器、木器、針繡，甚至最新的科技產物電腦、傳真機等，都是日新月異的在發展，並且由於傳承所以進步神速。其實，長久以來中國民間還有很多的秘方，可惜擁有者往往秘而不傳。假如政府能邀集有秘方的人士，鼓勵大家大公無私的將之傳承開來，不但能保護文化遺產，並且能讓中國文化更加益世利人。

二、傳承道德倫理，可以提升社會素質：

中國文化最可貴的，就是講究道德倫理，諸如「禮義廉恥」、「忠孝仁愛信義和平」等四維八德，甚至進一步延伸到現代的社會禮儀，重視人文思想。乃至倫理方面，也從「天地君親師」等五倫，進而擴展開來，有所謂「工作倫理」、「政治倫理」、「社會倫理」等。倫理道德的重要，因為有道德才有標準，有倫理才有秩序。道德倫理就是文天祥先生所說的「正氣」，天地間能有一股浩然正氣，就是靠著道德倫理在撐持，在散播。能把道德倫理融入到生活裡，就能提升社會素質，所以要加以傳承、發揚。

三、傳承生活經驗，可以助人突破困境：中國人的生活，固有講究詩情畫意的文人學士派，但也有忍辱負重、精進向上的勇者武士。所以中國人的生活，講究的是「剛柔並濟」、「體用一如」、「表裡呼應」、「上下和諧」。中國人的生活經驗，從大地洪荒開始，祖先們就憑著智慧、毅力，營造生活的品質，從吃穿生活，到人我相處的藝術，都極為講究、重視，所以中國文化的生活禮儀，也要加以傳承，可以幫助人類突破生活的困境。

四、傳承歷史生命，可以開創未來前景：中國五千年的歷史，最初人和大自然奮鬥，爭取生存；其次人與土地爭取食物，也是為了生存；再後來人與人彼此較量，結果「適者生存」。這當中自然經過許多痛苦的經驗，但現在中國人提倡民主，重視和諧，講究共生，懂得互助，已經走上歷史光輝的道路。尤其國際佛光會倡導的「尊重包容」、「同體共生」，可說是未來人類歷史發展的一條光明大道。吾人能在中國歷史的長河中，傳承詩書禮樂，傳承佛道儒學，另一方面再能同時重視科學精神，接受世界新知，則必能更加發揚中華文化的歷史生命，進而開創人類未來的前景。

化解仇敵

各位讀者，大家吉祥！

一個事業有成的人，在社會上難免有一些恩怨。你給予人家的恩惠，受者不一定把報答放在口邊；但是如果你的事業沾了別人的光彩，對方雖然沒有受到損失，然而嫉妒之心人皆有之，他可以把批評、毀謗掛在嘴邊。因此聰明的人，不但在事業上能有所成就，對人情恩怨也能善於處理、化解。關於如何化解仇敵，略述如下：

一、用語言化解：消除彼此之間的誤會、矛盾，直截了當的方法，就是用語言來化解。但是有時候當事人直接面對面用語言溝通，可能效果有限；如果透過在公共場合，對不欣賞你的人，給他恭維、

讚美，讓別人把話傳到他的耳中，讓他心生慚愧，覺得他對你有所誤會，你還能寬容他，如此他的怨氣可能就會消弭於無形。

二、用利益化解：人都希望獲得利益，因此當別人和你有了嫌隙，你可以在逢年過節時，登門造訪，送他一點禮物。送禮時，尤其用心研究他的所好，如他喜好飲食，可以送一些上好的食品，或是各種時令的新鮮水果；如果喜好藝文，不妨送他一些書畫，或特殊紀念物品。你能謙虛的，經常表示你的禮敬、謙讓，如此再大的怨仇，都能化解。

三、用老病化解：一般人都有幸災樂禍的心理，你榮耀，他嫉妒，你艱困，他同情，所以世間的人情，不宜飽滿高漲。假如你的冤家仇敵太多，可以經常告老稱病，或說被偷遭搶。消息傳到對方耳中，他對你的不幸遭遇，也會油然生起同情之心，如此就可以消除他的嫉妒之心，自能為你消災免難。

四、用提拔化解：對方嫉妒你的財富，看不起你的身分，或是因為沒有受過你的利益，心有不甘。這時你想化解他對你的怨恨，假如你有辦法，可以對他的家人，乃至身邊的關係人等，或介紹職業，給予利益，或提拔他，讓他有機會升遷。如此他在感動之餘，也能把心中對你的一腔怨恨，化解消除。

五、用宴客化解：中國人有一句話說「杯酒消冤仇」，當你感覺有人對你不懷好意，甚至充滿敵意時，你可以設宴請他的朋友，藉機邀約他共同參加，用行動表達你的善意，讓他覺得你也是可以結交的朋友，並不是他想像中的孤傲，難以親近，可能他也會改變觀念，對你親近，表示友好。

六、**用低調化解**：大部份事業有成的人，往往容易樹敵。別人對你的怨仇，或因嫉妒、誤會，或因旁邊的人傳話不當，都可能成為仇敵。如果你做人、行事高姿態，對方會更加覺得你氣勢凌人。如果你做人、行事都很低調，例如朋友的宴會，你習慣坐在邊上，不要居中高坐；走路走在末後，自我謙讓，表示自己不是老大；在大眾聚會的場合裡，談笑中有意無意的宣揚、讚美別人的特長，讓對方感到你無懈可擊、無嫉可妒，那麼別人對你也就沒有什麼無法化解的怨氣了。

總上六點化解仇敵的方法，最重要的是，自己要先釋出善意，才有可能化敵為友。

父母

各位讀者，大家吉祥！

每個人的一生，都需要父母孕育，才能完成。父母有好幾等層次，略述如下：

一、**生養的父母**：我們需要有父母才能出生，人不會憑空從天上掉下來，也不會從石頭縫裡蹦出來，必需有父母做為因緣，生養我們的身體，所以身體受之於父母，父母生我、養我、育我，成為我最大的恩人。

二、**衣食的父母**：在幼年的時候，衣食有父母供給，但是來源還是得自士農工商。工人不織布，那裡有衣服可穿？農夫不種田，那裡有飯食可吃？及至長大後，我們需要就業，要靠老闆給我們就職的機會，老闆就成為我們的衣食父母。所以，過去的人都把企業主視為父母。

三、再生的父母：在我們一生當中，可能有人解救過我們的危難，他就是我們的再生父母；我從小拜師學藝，人生從此脫胎換骨，師父也是再生的父母。從軍報國，長官對我的呵護，多次助我不死，也等於我再生的父母；老師諄諄教誨，使我從無知而有知，我跟隨老師學習，變化氣質、提升人格、講究信義、待人慈悲，老師也成為我再生的父母。

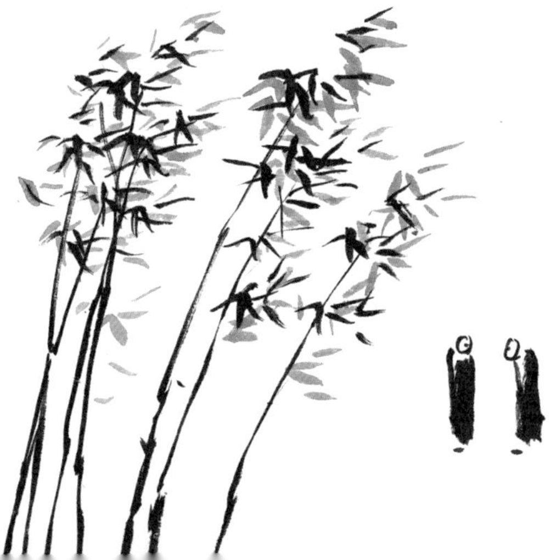

四、大地的父母：大地是眾生的父母，大地普載我們、生養我們、供給我們所需，在大地之上的所有萬物，包括人類，那個不靠大地而能生存？大地的父母，不但對人類、對宇宙萬有都是孕之、育之、煦之、嫗之，在大地父母之前，宇宙所有一切眾生都是同體共生，共相互助，所以我們要共同愛護大地的父母。

五、因緣的父母：父母能生養我們，但其實真正生長我們的是因緣，一切眾生誰能不要因緣而能生存呢？世間萬物那樣不是從因緣而出生的呢？舉凡一雙筷子、一個碗盤、一張桌子、一張床鋪、一棟房子、一個社區，那一個不是靠因緣才能成就的呢？所謂「諸法因緣生，諸法因緣滅」，世間萬物靠因緣才能成就、才能成長、才能生存。所以我們要感謝父母，父母是因緣，感謝眾生，眾生是因緣，感謝大地，大地是因緣；人要珍惜因緣、敬重因緣，因為因緣是我們的父母。

六、般若的父母：我們常聽人問：釋迦牟尼佛的父母是誰？一般人都會回答：父親是淨飯王，母親是摩耶夫人。其實這不是正確的答案，因為淨飯王、摩耶夫人只生了悉達多太子，佛陀則是般若所生，般若才是佛陀的父母，也是每個人法身的父母。我們的生命有肉體的生命，有精神的生命，有需要假天地因緣和合的生命，有法身慧命的生命，也就是般若的生命。所謂般若的生命，沒有生死、沒有來去、沒有時空，是超越一切對待的一個解脫世界，是宇宙一大總相法門，此一法門，人能進入也就不枉此生了。

總說人的生命從父母出生，而到還原給大地之母，之後歸於宇宙虛空，回到宇宙本體，那就是「心佛眾生，三無差別」的法身實相，也正是吾人所要找尋的本來面目！

卷四

激發智慧

智慧，是人生的透視，
是微妙的頓悟，是經歷的結晶；
慈悲，是世間的至情，
是善美的關懷，是立場的互易。
智慧與慈悲，乃人間至寶也。

——《佛光菜根譚》

感官

各位讀者，大家吉祥！

人活著，要靠感覺器官接觸外境，才有知覺，尤其身體各個器官的功能要正常，才會健康。例如腸胃要消化，血液要流暢，肌肉要有彈性，甚至毛髮都要生長。人體靠著官能運作才能活著，人活著則要好好發揮各個感官的功能，才能活得精采。試舉其例：

一、面容要微笑：微笑是世界上最美麗的表情，可惜有的人不善於微笑，整天板著晚娘面孔，

冷若冰霜，讓人覺得和一個面無表情的人生活在一起，真是索然無味。過去我曾經鼓勵學生要微笑，但是學生說：為了學習微笑，笑得兩腮都發酸。我說這是因為平時太少微笑，肌肉太少運動的緣故。其實，平時經常保持微笑，見了人就給人一個點頭，都能留給人好印象。佛教裡，佛陀「拈花微笑」，三千大千世界就在他的一笑之中。微笑是最美麗的面孔，就像綻放的花朵一樣，微笑最能表達善意，是世界最動聽的共同語言，微笑實在是人類最好的交流。

二、**聲音要抑揚**：跟人講話，除了注意措辭、意義以外，聲音要有抑揚頓挫。例如電台的廣播員，不但字正腔圓，聲音要婉轉柔美，才會悅耳動聽。一場講演，即使內容精采，如果沒有好的音聲助其發揮，也會讓人聽得無精打采，所以有人說，聲音是有表情的。有的人語言詼諧，聲音悅耳，依照佛教的因果觀來說，那是撞鐘修行的功德。

三、眼睛要神采：一個人如果眼睛明亮，炯炯有神，就會讓人感覺這個人很有精神；所謂「神采奕奕」。有的人眼睛像觀世音菩薩一樣，他以「慈眼」視眾生；有些戀愛中的男女，則以「眉目傳情」，用眼睛來表達心意，所以說「眼睛會說話」。西洋人也說「眼睛是靈魂之窗」，眼睛代表一個人的意志、精神，甚至是一種力量，所以不要小看了人的一雙眼睛，何況人的「肉眼」，還能昇華為「天眼」、「慧眼」、「法眼」、「佛眼」。

四、耳朵要靈敏：耳朵追逐聲音，可是聲音進入耳朵，就會有悅耳或刺耳的分別，也因此會影響人的情緒。討厭的聲音，讓人心情惡劣，心煩氣躁；一句悅耳的話，讓人心花怒放，欣喜若狂，所以耳朵對全身的影響，威力其大無比。

五、雙手要勤奮：人的眼睛看東西，耳朵聽聲音，雙手更是萬能。人有了雙手，可以隨心所欲的承辦各種事業。尤其雙手最有用的是，可以合掌對人表示友愛、尊敬，可以跟人握手表達友誼、情義。雙手對人際關係的增進，對人生事業的成就，確實很有貢獻，所以人要勤奮，要善用雙手。

六、思想要敏捷：人體的感官，有的是有形的，有的是無形的；有的在體外，有的在體內。思想是無形的，不在體外，也不在體內；若說他在體外，也在體內，也對。思想敏捷的人，反應迅速，像風馳電掣，快速掌握各種情況。思想由心識在控制，心好像思想的中樞，主宰思想的動力，動力一發，所有的感官都隨著活躍起來，所以感官的世界還是以心為主。人能掌握自己的心，才能做自己的主人。

新陳代謝

各位讀者，大家吉祥！

「新陳代謝」最早是說明人體結構循環的一種現象。人體的細胞，日日生滅，時時更換。同樣的，「江山代有才人出」，世間所有生物體，乃至一切事物，無不時時都在「新陳代謝」中。

一位活到九十多歲的老人，有記者問他：「老人家還有什麼心願？」老人說：「最大的心願，就是新陳代謝——早點死亡，可以換一個新的身體，重新報效世間。」

世間萬事萬物，因為有新陳代謝，所以能不斷的發展。例如：

一、人事的新陳代謝：語云：「長江後浪推前浪，世上新人趕舊

人。」老人的經驗是彌足珍貴的，但老人的戀棧、執著、把持權位，也是不當，所以孔老夫子也說「老而不死，謂之賊」。人事就是要有新陳代謝，才會進步。

二、身體的新陳代謝：身體裡，細胞如果不能新陳代謝，血液如果不能循環代謝，不是與植物人無異？其實，就算是植物人，也有新陳代謝。世間上，不管生物、植物、礦物，大地山河，都有新陳代謝；佛教所謂「無常」，一語道盡新陳代謝的意義。

三、地球的新陳代謝：現在舉世之間，凡是有歷史、有文化的建築、山水等，聯合國都一再呼籲，希望世界人民共同維護人類的文化財富。人類的先祖們，創造了地球上真善美的建設，吾人當然樂於維護共有的財產。只是世界上沒有不變的東西，任何事物都不可能靜止不動，也不可能長久維持原狀。就如空氣不對流，就沒有新鮮空氣，人類如何生存？衣服穿破了，就要換一件新衣，汽車用久了，也要汰舊換新。沒有利用價值的東西，注定要被人淘汰，但是有價值的東西，人類在新陳代謝中，還是會盡量維護他的功用。

四、習慣的新陳代謝：嬰兒出生以後，以哭鬧為力。隨著年齡增長，總不能老是用哭鬧來爭取所需，所以要改變哭鬧的習慣，用討人喜歡的動作，獲取需求。例如，禮貌、聽話的兒童，容易獲得父母的歡心；彬彬有禮的男士，能夠獲得美女的青睞。即使進入社會，也不能染上菸酒等惡習，讓人嫌棄，更不能講話粗言惡語，乃至生活懶散、行為無忌，惹人生厭。人的一生，習慣不能隨著知識、品德而新陳代謝，給予更新、改正，人生就很難交出好的成績來。

五、思想的新陳代謝：人的基本道德觀念，最好堅定不改，但是一些新知、新生活的規範，要不斷的新陳代謝。古老中國的太監、婦女裹小腳，不都是被歷史的新陳代謝自然淘汰了嗎？現代各種主義，各種學說，各種發明，也不斷在新陳代謝，唯有獲得大家的認同，「適者」才能生存。

六、自我的新陳代謝：有形的新陳代謝，這是自然的法則；無形的新陳代謝，所謂「昇華」、「擴大」、「超越」，這也是新陳代謝的意義。我的鄙陋，不經過新陳代謝，怎麼能改進？我的粗俗，不經過新陳代謝，怎麼能更新？我的無知，不經過新陳代謝，怎麼能進步？我的自私、執著，不經過新陳代謝，怎麼能成佛作祖？所以，人要自我更新，自我新陳代謝，才能愈來愈完美。

鼓勵

各位讀者，大家吉祥！

人，是需要鼓勵的。一般人做事，在「鼓勵」之下都會有「事半功倍」的效果，所以學生讀書，要用鼓勵代替責備；軍隊作戰，也要犒賞三軍，鼓勵士氣。甚至學生需要老師鼓勵，老師也要學生的鼓勵；兒女需要父母鼓勵，父母也要兒女的鼓勵。

鼓勵是不分階級的，一本書的作者，要讀者鼓勵；作者著書立說，文中的思想理念，也要能對讀者生起鼓勵作用。

鼓勵上進，因鼓勵才能成長，因鼓勵才有力量，因鼓勵才甘願進步，因鼓勵才志願犧牲。

相愛的人，一個眼神能夠鼓勵對方可生可死；志同道合的伙伴，一個理念說明只有對方可以實踐，他可以殺身成仁，捨生取義，所以鼓勵的力量，其大無比。

如何鼓勵呢？茲舉數種方法如下：

一、用口頭鼓勵：對家

人、朋友、屬下，不妨先學習很多口頭鼓勵的語言，例如：你真棒、你很能幹、你不怕吃苦、你很有力量等。

二、用肢體鼓勵：長官給部下一個握手，領袖給有功者拍拍肩膀等，都是很大的鼓勵。

三、用獎狀鼓勵：用一紙獎狀敘明他的功勞、貢獻，雖然不是金錢、實物，有時比之更能鼓舞人心。

四、用獎品鼓勵：一支筆、一部電腦、一輛汽車、一棟房子，可以依功勞大小，給予適當的鼓勵。

五、用旅遊鼓勵：買好機票，給予假期，讓他與家人一起出國旅行，或者隨團體出訪考察，讓他從旅遊中學習，也是很大的鼓勵。

六、用提拔鼓勵：政府公家機關裡，二等兵可以升上等兵，三級的公務人員可以升四級、五級。一個社會的公司團體，如果服務奉獻的時間、資歷很久，或者工作上有優異的成績表現，都可以升任副總經理、總經理、總裁等，這都是鼓勵。

七、用記功鼓勵：記一個小功、一個大功，功勞簿上已經登記有名，受者必定甘願再接再厲。

八、用刻碑鼓勵：將他的功勞事蹟，用石頭刻碑，或用銅牌鐫銘，以誌功勞。受者受此鼓勵，必定大為感動，怎不效命趨力。

一個領導者，要會用人，就必須會得鼓勵人。但是也不能把具有鼓勵作用的獎勵流於形式，失去真正的精神意義。或者因為獎勵不公，受獎者不平，也不能達到鼓勵的效果。

現在的人民團體，有很多義務發心服務的幹部，他們沒有支領薪水。對這些不求待遇的義工，平時應該注意適時給他們一些禮物的獎賞、鼓勵，這也是必要的。

壽命

各位讀者，大家吉祥！

中國人一向追求「五福臨門」，五福中又以「長壽」為第一。壽命長，到底好不好呢？一個人如果活到一百二十歲，想必一百歲的兒子已經先他而去，甚至八十歲的孫子也差不多快要死了；白髮人送黑髮人，這樣的長壽好嗎？

另一方面從身體的機能來看，一百二十歲的老人，牙齒應該掉光了，吃東西必定很困難；耳朵的聽覺想必也不靈敏，乃至眼睛的視力也已模糊看不清楚，這樣「耳不聽，目不明」的生活，有意義嗎？

其實，生命應該隨順自然，活到一個適當的歲數也就夠了。因為生命的意義，不在於肉體活得長久，而在於活得能對世人有貢獻，所以儒家有「立德、立功、立言」三不朽事業，吾人應該在身體的長壽以外，追求另外的壽命，例如：

一、語言的壽命：世間上，有的人說話，即說即逝，沒有人記憶；有的人說話，成為格言、學說，能夠留傳、教化人間，這就是語言的壽命。例如我們現在經常引用佛說、孔子說、孟子說，就表示這許多聖人語言的壽命，雖歷經千年，仍然常在。

二、事業的壽命：有的人締造偉大的事業，讓千萬人受益，像大禹治水，至今南京還留有大禹治水碑記。再如嫘祖教人養蠶，至今身穿絲綢衣料的人，都應該懷念

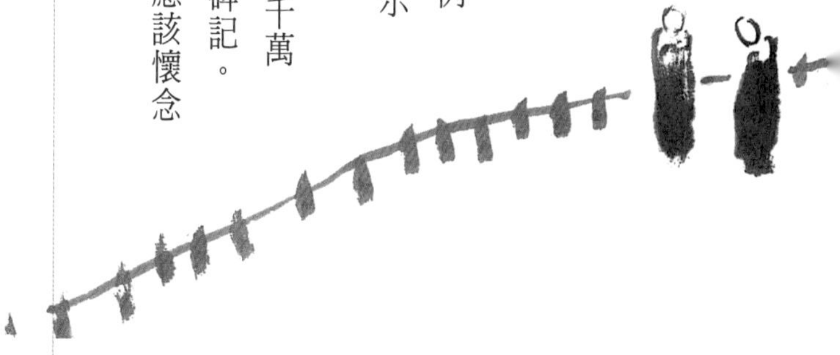

嫘祖。這就說明，事業的壽命可以長存。

三、**道德的壽命**：古人說「典範在夙昔」，中國歷代的名將，如文天祥、史可法、岳飛、張自忠等，他們殺身成仁、捨生取義，寧死以全節的道德馨香，遺留千古，讓後世緬懷，這就是道德的壽命。

四、**信仰的壽命**：每一個時代，都有人為了傳承信仰的壽命而發心奉獻，例如有的人興建寺廟，千年長存；有的人印刷經書，萬世流傳。另外，也有人從宗教信仰裡斷除煩惱，解脫自在，把生死當遊戲。例如，鄧隱峰禪師倒立而逝，船子禪師水面吹笛而亡，龐蘊一家生死來去自如，慧遠大師念佛發願，親見彌陀接引。這些人在宗教上建立解脫的生命，不也是非常可貴！

五、**智慧的壽命**：古今很多科學家，他們在科學上的發明，至今依然造福著人類，不就是他們的智慧長存人間嗎？很多哲學家，他們智慧的哲言，不斷為世人所引用。例如，印度的佛陀，他的般若智慧至今仍在世界放光；中國的司馬遷，雖然身體受刑被摧殘，但他的智慧化為史書，流傳千古，所以智慧的壽命是不死的。

六、共生的壽命：中國人講究傳宗接代，把生命當成體育的接力賽，一棒接一棒。祖父死了有父親，父親死了有兒子，兒子死了有孫子，孫子又生子，子又生孫，子子孫孫，香火不斷。更重要的，中國人重視生命的意義，有的人為宗族爭光，有的人為國家犧牲，有的人懷抱全人類，開創「同體共生」的壽命。如張載說：「為天地立心，為生民立命，為往聖繼絕學，為萬世開太平。」能為國家的壽命、社會的壽命、世界的壽命、人類共同的壽命而奉獻，小我的生命才有價值，所以小我不及大壽也。

演變

各位讀者，大家吉祥！

日本有一個歷久不衰的電視節目，名稱叫做「變變變」。每次節目中，都有來自日本各學校、機關團體，或個人、親屬一起組隊參加，透過各種道具輔助，表演各種變化，呈現世間萬象。因為新奇有創意，收視率一直居高不下。

這個世界本來就是一個「變」的世界，無時不變，無處不變。所謂朝夕萬變：早上漲潮，晚上退潮；早晚很冷，中午很熱；春天百花開放，秋冬萬物凋零。佛法說「一切無常」，的確如此；達爾文的「進化論」，也是說明宇宙萬有的演變。

世間到底有些什麼演變呢？

一、自然界的演變：自然界，物換星移，滄海桑田，一年四季，隨著季節變換，一切都在改變。甚至空間有東西南北十方，隨著風向氣流，乃至雷電霜雪的作用，都可以改變大自然的形象、面貌。儘管人類一直想要征服大自然，有的高山被鏟平了，有的大海被填平了，甚至佛教講「三界無安」，整個三千大千世界都在不斷變化，所謂「風打初禪、水淹二禪、火燒三禪」，但是即使

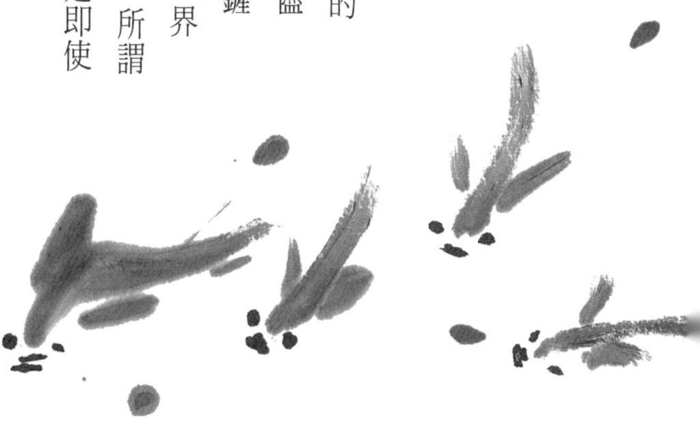

到了最後，不管宇宙世間再怎麼成住壞空，在一切變化之中，還是有規律可循。

二、動植物的演變：上古時代的恐龍，最後為何會絕跡，我們不知道，現代科學家還在研究。另外，世界上有很多動植物瀕臨滅種，雖然各國政府三申五令，出面保護，但是動植物的演變，也不是人類所能全部掌控。就拿一個小毛蟲來講，牠可以從蛹，羽化成蝶，乃至冬蟲夏草，都有牠的自然演變。甚至有人說，醜小鴨變天鵝、麻雀變鳳凰，這都是說明多變的世間、多變的動植物，都是隨著時空不斷在變。只是形相雖變、年限雖變，但是生命的本體，其實是不變的。

三、人生的演變：世界上，稱為「萬物之靈」的人類，也在生老病死的循環中演變。男士從男孩到青年、壯年，再從英雄好漢到年邁的孤獨老人。女士們從女嬰到女童，再到女孩、小姐、太太、媽媽，

而到老太婆。人的身體就好像木柴，一根又一根，有其階段性，但在一根一根不同的木柴下，生命的火始終相繼不斷燃燒。

四、時代的演變：時代也在不斷演變，從最早的洪荒時代，進而游牧時代，繼而農業時代，再進步到工業時代，再到今日的高科技時代。當然，時代並不會停止演變，有人說，時代再繼續演變下去，將來天地會毀滅。其實，毀滅倒不至於，演變則確實不會停止。

五、世事的演變：宇宙世間，氣候有春夏秋冬，人生有生老病死，萬物有生住異滅，世界有成住壞空，因果循環，一切都在變化。假如你用心感受自己的身體，不要說青年到老年會有不同，其實早晚也在變化不同。變化就是無常，宇宙萬有都不是定型的，一切都在變化中；因為變化，有時候好的會變壞，壞的也會變好，所以人間才會充滿無窮希望。

六、心性的演變：在很多的變化中，人心變化最快。但是人心所依據的本性，則是恆常不變的。儘管山河大地、宇宙萬有，朝夕萬變，但是人的本性卻是亙古今而不變，歷萬劫而長新，所以生存在變化的人間，只有從佛法裡找到真如佛性，任因緣而生，隨因緣而轉，到最後，生命還是會歸元的。

演變是無常的定律，也是自然的現象。如何讓壞的變好，才是重要。

維生之計

各位讀者，大家吉祥！

人的一生，首先最需要解決的，莫過於如何維持生活；生活能維持，生命才能延續，進一步才能談到如何發展理想，所以「維生之計」是人生首要的課題。針對怎樣維生，提供數點如下：

一、開源節流：維持家庭生活，當然要有經濟來源，因此人要有工作，要懂得開發財源。有了正當的經濟來源與穩定的收入，還要懂得節約用度，否則再雄厚的財力，也禁不起揮霍無度，所以「開源節流」是維持生活的長久之計。

二、量入為出：家庭生活要安定，每個月收入多少不是最主要的因素，重要的是要會規畫、預算，要能「量入為出」，如果經常支出超出預算，「入不敷出」的結果自然會出現財務危機。

三、要有餘糧：人要有「憂患意識」，晴天要備妥雨傘，以防下雨，白天要準備好手電筒，以免晚間停電。所謂「有時要想無時苦」，「家有餘糧」就不會有斷炊之苦。

四、勤勞作務：無邊功德，在於一個「勤」字；最大罪惡，在於一個「懶」字。勤勞作務才能正常營生，因此訓練家人養成勤勞的習慣與觀念，就不怕生存無道。

五、珍惜機緣：一個家庭的發展，固然要靠家人同心協力，努力開創，有時也要靠親朋好友給我們幫助，或是社會大環境來成就我們的機緣。不管我們曾經受惠於誰？都應該珍惜，同時要給予回報，不能過河拆橋，有時過了橋的人，更應該要拜橋。

六、**會用時間**：時間不但是生命，時間也是財富。春夏播種，秋冬收藏；今年耕耘，明年收成，一切都需要時間成就。時間也要懂得善用，才能發揮價值。我們要利用時間養深積厚，利用時間廣結善緣，未來的路才能走得遠，走得平順。

七、**建立誠信**：維生不是一時的，生命是一世的，甚至還有後代子孫，是生生不已的，所以要建立誠信。家有誠信，受人尊敬；如無誠信，縱使一時的繁榮，也不能持久。

八、**樂天知命**：人不能過分貪求，錢財過多，不見得是福氣，有時「人為財死」；名

位太高，也不一定最好，爬得高，跌得重。利益再多，也要懂得分享社會大眾，才能平安。從歷史上看，多少豪門巨賈，富能過幾代？所謂「積善之家，必有餘慶」，所以維生之計，必須懂得「積德重於積財」，而且要能「知足常樂」、「能忍自安」，這就是樂天知命的生活。

綜上八點，雖非金科玉律，卻是人間的常道、常理；既是常道、常理，自然不應等閒視之。

憂鬱症

各位讀者，大家吉祥！

時下的社會 不知從什麼時候開始，罹患「憂鬱症」的人好像忽然多了起來。家庭裡，如果有一個憂鬱症患者，就如埋下一顆不定時炸彈，全家的生活步調完全被打亂，家中的歡笑減少了，家中的氣氛也跟過去完全不一樣了。人為什麼會得「憂鬱症」呢？試說原因如下：

一、生命沒有抗力：憂鬱症的人，必定是生命缺少抗壓力。在現實的社會裡，每個人所受的壓力之多，難以計數。金錢、人情、是非、課業、工作等，可以說從早到晚，壓力從四面八方蜂擁而來。壓力不但來自外境，有時從內心「庸人自擾」，也會給自己製造很大的壓力。沒有抗壓性的人，就好像房屋沒有屋頂遮雨，又如燈籠失去四周的屏障，小小的燭火無法抗拒外來的強風，自然會被吹熄。

二、**心中沒有歡喜**：憂鬱症的人，不懂得活出樂觀的人生，心中沒有一點歡喜，就算有好人好事，他也不以為然，所以平時鬱積在心中的悶氣沒有出處，久而久之一旦爆發開來，就成為憂鬱症。吾人要培養一種「給人歡喜」的美德；即使不能給人歡喜，別人說一些好言好語給我們歡喜，我們就要感謝。沒有歡喜、感恩的心，當然就會產生憂鬱症了。

三、**生活沒有目標**：人生要建立目標，才能向前走，才不會失去方向。兒童要討父母的歡喜，就是目標；學生讀書，希望有好的成績，就是他的目標。士農工商希望賺錢，政治人物希望升官，因為有目標，就有奮鬥的勇氣，就有前進的動力。憂鬱症的人，不但生活沒有目標，而且喜歡鑽牛角尖，凡事想不開，一件事、一句話，都把他鬱積在心裡，沒有適當的疏解、發洩，就很難不罹患憂鬱症了。

四、行事沒有積極：人生要積極，積極的人生會不斷的想要走出去服務大眾，為人群設想。例如，工人努力增產報國，農夫應時耕耘播種，作家每天創作，發表意見，新聞記者用心採訪新聞，報導新知，甚至演藝人員也在想，怎樣表演才能給人歡喜。如果行事積極，沒有時間朝消極、灰暗的地方想，人生自然會有無限的光明前途，那裡會得憂鬱症呢？

五、眼中沒有他人：患憂鬱

症的人，可能他的心中只有自己，眼中沒有他人的存在；如果他的眼中能看到大眾，他的心中能想到父母、親人、朋友，想到別人需要他，他應該滿足大家，如此又怎麼會患憂鬱症呢？這個世界之所以有糾紛，就是有的人只想到自己，不能包容他人；如果我們不但眼中有人、心中有人，而且把別人都當成是自己的善知識，看成是未來佛，看成是自己的有緣人，這個世界不是很美好嗎？

六、**前途沒有希望**：患憂鬱症的人，大多對自己的前途沒有信心，看不到自己的希望在那裡；他眼中看到的都是灰暗的人生，他心中感受到的都是無情的世界，他腦海想到的都是不快樂的事情，如此又怎麼會有幸福快樂的人生呢？所以佛光山的信條：給人信心、給人歡喜、給人希望、給人方便；我們不但要對自己的人生充滿希望，尤其要進一步帶給別人希望，這是最好的布施，也是無上的功德。

都會過去

各位讀者，大家吉祥！

佛教講「三世」，即過去、現在、未來。不只是時間會過去，世間任何東西都會「過去」，「現在」不過是暫時的停留，「未來」的還是未知數。有人說「過去比現實美麗」，有人說「現在比過去進步」，所謂「白頭宮女話當年」，可見過去確實值得回憶。

說到「過去」，長江後浪推前浪，世上新人趕舊人，人事就這樣一代又一代的過去。多少的高樓大廈會成為過去，多少的良辰美景也都成為明日黃花，追憶過去無補於現實，人生還是把握現在比較實際，因為一切都會成為過去，包括：

一、青春美貌都會過去：人生照說都是很平等的，每個人都有青春的時代，都有美貌健壯的歲月。但是在時間的巨輪裡，一切都不會停歇，曾幾何時，凡事都會過去。當青春時期，無煩無惱，身體健壯，只要家庭經濟允許，要旅行，要出國，要社交，那一樣不能讓你趁心如意？但是歲月不待人，當青春美貌過去以後，一切就不一樣了。

二、榮華富貴都會過去：「人窮志短」固然會過去，「叱吒風雲」一樣也會過去。看世間芸芸眾生，多少人從白手起家到達榮華富貴，又從榮華富貴，落得一文不名，所以世事無常，無論什麼都會過去。多年前，佛光山功德主張姚宏影女士，她想捐錢讓我辦大學，我說現在大學尚未開始籌備，等正式開辦的時候再告訴你。她說：我不知道等你辦大學時，我還有錢沒有錢？此言看似輕描淡寫，實際上是她看透世事無常，知道「榮華總是三更夢，富貴還同九月霜」的智慧之語。

三、幸福快樂都會過去：有的人生長在豪門之家，一出生就享受幸福安樂的生活，不知道窮苦艱難的滋味是什麼。但是依照社會學家的觀察，世間「富貴不出三代」，所以幸福快樂的人生，在時間之流裡，也會很快過去。因此，當幸福快樂的時候，要好好珍惜人生，切莫等到一切都化為烏有的時候再來追憶，一切都已事過境遷，徒留遺憾。

四、煩惱痛苦都會過去：上述三種美好人生都會過去，以下三事，雖是坎坷人生，也會過去，煩惱痛苦即是其一。煩惱痛苦不是定型的人生，假如你有煩惱，找出原因，大部份都是由「我」而來，由「內心」生起。假如你找出煩惱的原因，找出痛苦的理由，能把原因

消除，則煩惱痛苦的果實也就不存在了。

五、困境艱苦都會過去：

有的人生活艱難，環境困苦，勤找職業，到處碰壁，自己創業，一直倒閉，親戚遠離，朋友不相往來。所以，在困境中過著艱苦的生活，著實惱人，也讓人心有不甘。其實，困境艱苦，都有起因，也都會過去，貧苦窮困的人，也會榮華富貴。在艱難困境中，只要勤奮努力，一旦時來運轉，飛黃騰達，財源不求自來。人，對前途不要失望，要充滿信心，只要立志，只要用心，再怎麼不好的生活境遇，都會過去。

六、人我是非都會過去：在生活裡，有的人常對人間充滿人我是非，感到不容易通過。其實，是非朝朝有，不聽自然無，再多的閒話，再多的傷害，你不去理他，他自然會過去。所謂「處變不驚」、「以不變應萬變」，人我是非也是非常短暫的，只要我們正直，只要我們正派，世間還有什麼不能過去的呢？

播種

各位讀者，大家吉祥！

胡適之先生說：「要怎麼收穫，先那麼栽。」農夫因為勤於播種，才能豐衣足食，果農也要勤於種植，才有纍纍果實可以收穫。有播種才有收穫，這是必然的因果道理。

世間上有播種者、有收成者，有消費者、有浪費者。每一個人都要做播種者，因為對世間最有貢獻的人，就是那些播種者。播種有什麼好處呢？我們又要如何播種呢？

一、布施的播種可以發財致富：布施的播種就是「捨」，「捨」才能「得」，捨得、捨得，沒有「捨」的播種，那裡能「得」呢？一畝良田，你不播種，也不能有所收成。所謂「三寶門中福好修，一文施捨萬文收」，喜捨也不一定要布施給宗教，社會上的弱勢團體、殘障人士，各種好事都需要善心人士給予布施。佛陀曾經對著一群人讚歎布施的好處說：「種一收百，種百收萬，種萬可以收到千千萬萬」。信者聽後難以信服，佛陀於是指著一棵尼拘陀樹說：這原來只是一顆小小種子，播種下去之後卻能長出如此方圓數里的大樹，並且結出無數果實，這不就證明一粒種子可以收成無

限嗎？

二、知識的播種可以提高品質：一個國家，人民的素質要靠教育來提升，教育要發達，必須有很多人來從事知識的播種。幾千年來，從釋迦牟尼佛、孔夫子開始，歷代都有不少先賢聖傑，從事知識的播種。這裡設立書院，那裡設立學堂，乃至佛陀各種說法的盛況，孔子周遊列國的用心等，都是播種。近代的胡適之先生倡導科學，他雖不是科學家，但他說：「能救中國的，就是一個賽先生和一個德先生」，這就是科學和民主的播種者。再如現在的天下文化公司，以及一些宣揚教育的刊物，都是知識的播種者，所以經濟的成長，人民素質的成長，都是這些人的貢獻。

三、人緣的播種可以增加和諧：人也是我們應該耕耘的一塊田地，我們在這塊田地裡也需要播種，才能為我的人緣開花結果。人緣和能力不一樣，和學問也不同，有學問的人應該受人尊重，但是如果沒有人緣，別人反輕蔑而看不起他。有能力的人也應該是受人尊敬的，但由於沒有人緣，人家也不喜歡和他來往。人不一定要有學問、能力，只要有人緣，到處都能受人歡迎、擁戴。所以，人要廣結善緣，有人緣的人到處都能與人和諧相處。

四、健康的播種可以養生立命：健康的身體需要保養，也需要投資，更需要為健康做一些播種的工作。營養的補充，飲食的均衡，運動的充分，休息的適當，都是在維護身體的健康，也是為健康播種。其實，如果是一個重視健康的人，也不只是注重飲食、運動而已，道家講究健康要有「清心寡欲」的播種，儒家要有「立德養心」的觀念，佛教更主張以「慈悲」、「智慧」來養生，這不但是為健康播種，更是養生立命之道。

潛能

各位讀者，大家吉祥！

人好像一座山，山裡蘊藏著金銀銅鐵等各種寶藏；人的身體內也蘊藏著慈悲、智慧等各種能量。根據現代科學家說，人類真正使用出來的能力，不到百分之十，還有百分之九十以上的潛能，有待開發。

佛陀也說：「人人有佛性」，意即人人都有成佛的性能；成佛的性能都有，別的能力怎麼會沒有呢？人有適應環境的本能，也有絕處求生的性能；平時各種的考試、訓練，就是為了激發每個人的潛能。

有的人能說十國、八國語言，如果他沒有開發潛能，焉能致此？有的人能發明各種器具，三十件、五十件，若沒有開發潛能，何能有此成就？

人的潛能無限，但是需要開發。話說有一個酒鬼，深更半夜喝醉了酒，在回家途中，不慎掉進一個深坑裡。這一跌，酒醒了一半，於是努力的想要往上爬。無奈爬了幾次就是上不去，這時後面忽然傳來一個聲音：「老兄，甭爬了，沒有用的！」

酒鬼這一驚，非同小可，他以為有鬼，於是一躍而上。上去之後，再回頭仔細一看，原來那有什麼鬼，只不過有一個跟他一樣喝得爛醉如泥的酒鬼，比他早一步掉進深坑裡罷了。但是這出奇不意的一驚，激發出他的潛能，就能倖免於難。所以人的潛能無限，只是有待開發。

人要如何開發潛能呢？

一、環境可以激發潛能：困苦的環境，沒有人救援，只有靠自己奮發，才能求生存。這個時候，為了活下去，不得不與環境奮鬥，不得不尋求突破困境的辦法。例如，家庭主婦不擅於烹煮三餐，為了持家需要，為了家人要吃飯，她不能不去學會燒煮的技能。所以，一個人只要有不向環境屈服的毅力，只要肯奮發向上，艱難困苦的環境反能激發人內在的潛能。

二、希望可以鼓舞潛能：人是活在希望裡，有希望的人生，生命就有意義；假如對人生失去了希望，就如同宣告生命已經死亡。有生命，就有希望；有希望，就能鼓舞人生，就能開發潛能。你希望賺錢謀生，沒有能力，怎麼能賺錢謀生呢？只要你有希望，希望就能鼓舞你求得謀生的能力。你希望讀書向上，做個正人君子；只要你有希望，埋首苦讀，「希望」就會鼓勵你，開發你內在的潛能，順利達成自己的願望。

三、立志可以發揮潛能：「有志者，事竟成」，人有無限的潛能，只要立志，就能成辦一切事。我希望成為一位政治家，為民服務；我志在成為一位學者，造福世間。只要肯立志，並且不斷的砥礪自己的志願，鍥而不捨的努力，志願會激發潛能，讓你的潛能充份發揮，達成自己所希望的目標。

四、好勝可以創造潛能：人都有榮譽感，都有好勝心。田徑場上的選手，為了勝出，比賽時總能跑出好成績；打籃球，使出渾身解數，為了好勝，自能激發出比平時更高的能量。踢足球，奔跑全場，久而不疲，也都是由於好勝心，故能激發潛能，迭造佳績。

人有無限的潛能，就像山裡蘊藏的金礦、銀礦，你懂得開採嗎？

出軌

各位讀者，大家吉祥！

交通有軌道，人生也有軌道。人不能脫軌而行，人出軌就如飛機偏離航線、輪船不走航道、火車不走軌道、汽車不走車道，怎麼會不危險呢？人生有哪些事容易出軌呢？試舉如下：

一、感情出軌：正當的感情，無可厚非；一旦用情不當，紅杏出牆、拈花惹草、金屋藏嬌、人盡可夫，無論是男或女，感情出軌就如同玩火自焚，怎不堪慮？

二、語言出軌：所謂「一言以興邦，一言以喪邦」，有的人口無遮攔，信口開河，批評這個，批評那個，滿口是非閒話，到處散播狂

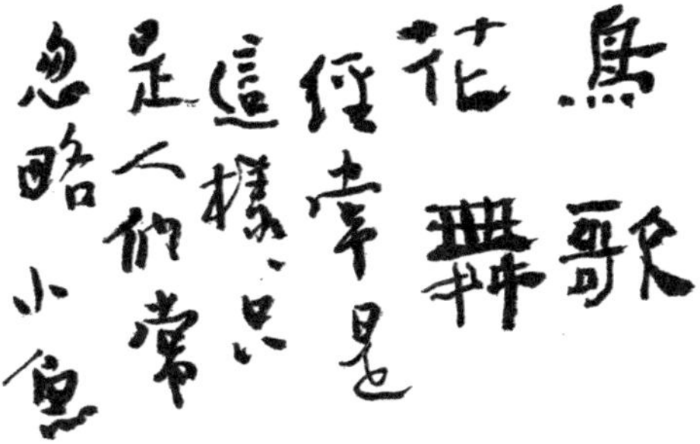

論，如此出言莽撞，怎能平安度日？

三、行事出軌：報章媒體經常揭露社會上貪贓枉法、徇私舞弊等事件，這些不正當的行為就是行事出軌。一次行事出軌，或許沒有被察覺，但是二次、三次，壞事做久了，受害的人一多，麻煩也就隨之而來，不但弄得自己身敗名裂，還可能因此鋃鐺入獄。

四、思想出軌：思想可以自由，但是也要合乎法律、道德的規範。如果不守規範，思想出軌，一經表現在言論或行動上，則可能侵犯別人的自由。好比過去發生宗教狂熱份子集體自殺事件，就是思想出軌，也就是邪見所帶來的悲劇。

五、倫理出軌：世間的秩序、天地間的綱常，要靠倫理維繫。如果一個國家君不君，臣不臣，則國家哪裡還有紀律？如果一個家庭夫不夫，妻不妻，則家庭哪裡還有倫理？

六、信譽出軌：有的人誠信昭著，為人所信賴。然而一旦以假亂真，以邪為正，信譽出了軌，則無論經商也好，為官也好，就很難再為人所稱道，甚至難以在社會上立足了。

七、財務出軌：賺錢是好事，但是如果侵佔別人的財富，乃至經營非法、借貸不還、帳目不明等，則朋友的合作都將告終，即使至親也可能反目成仇，更嚴重的是人格、形象將因此掃地。所以，錢財的往來要依循正道。

八、**產業出軌**：現代各種產業都講究品牌，重視品質管制，有時已經上市的產品，一旦發現問題，即刻下架回收。例如，已經銷售的汽車，發現有缺陷，一回收就是幾萬台；電腦發行出去，發現有瑕疵，一回收也是幾十萬部。這麼做無非是為了讓產業不出軌，為了維護品牌而不得不採取的行動。

除了以上這些事不能出軌以外，國家的教育、政治、交通、獄政、法律、警事都不能出軌。當一個國家裡，警察不吃案、醫藥不誤診、飲食不賣假，各行各業都不出軌，每個人都能兢兢業業、循規蹈矩，則社會必然健全、和諧。

養心之道

各位讀者，大家吉祥！

一個國家，社會要建設，經濟要發展；一個個人，身體要保健，心理要養心。

談到「養心」，各個宗教都有很多養心的法門；祈禱、誦經、打坐、念佛、膜拜、懺悔、發願，都是為了養心。現在只把一般的「養心」之道，略說如下：

一、花前月下沉思：一個人，每週總有一、二小時屬於自己「靜靜獨處」的時間。如果利用這段時間，在花前月下沉思，想一些自己所遭遇到的問題，規畫一下自己的未來，思索一下人我之間的關係。

或是與三五知心好友，花前月下，暢所欲談，必能幫助自己思想激盪，理清思緒。

二、山林水邊禪坐：利用假日，或是黃昏時刻，到山林水邊，借大地一角，盤腿靜坐。坐下之後，未必入禪修定，但是只要心一沉靜，往事都會一一向你集中而來，一些久遠以前的事，可能浮現在眼前，讓你重新思考，重作抉擇。所以，禪坐冥想可以增長智慧，絕不虛言。

三、叢林小徑跑香：叢林是指建設莊嚴堂皇的大寺道場，叢林必定是依山而建，旁邊必有許多山路小徑。你循著巍峨堂皇的寶殿，在山間小徑走路、跑香，一面運動，可以走出健康；一面藉此機會，用心思想禪門參學之道。禪門所謂「參」，就是「為什麼、為什麼」一直問下去。為什麼念佛？為什麼參禪？為什麼打坐？為什麼吃飯？等到你問到「山窮水盡疑無路」時，會給你一個「柳暗花明又一村」的驚喜，那麼當下什麼問題都解決了。

四、忠孝誠信存心：既然要養心，心中就必須播撒一些「忠孝誠信」的種子。當你播下了種子，小心翼翼的加以呵護、培養，日後必定不負所望，必能增長你忠孝誠信的品德、操守。一個人的心，就像倉庫，你在裡面存放了資產，需要使用時，還怕缺貨嗎？

五、慈悲喜捨行事：人在世間生活，不能不與人互動往來。人際往來，關係要和諧、美好，就必須以「慈悲喜捨」行事。你做人處事有慈悲，慈悲沒有敵人，慈悲的人沒有人會拒絕你，以慈悲喜捨行事的人，走遍天下，任何民族，任何國家，都會喜歡你的慈悲，甚至你的敵人，也會受你的慈悲感動。所以，時時心存慈悲喜捨的人，自然養心有成。

六、任性逍遙讀書：一個人肚子餓了要吃飯，眼睛累了要睡覺，睡眠就是眼睛的糧食。甚至聲音、空氣、味道，就是耳朵、鼻子、舌頭的飲食。此外，讀書充實知識，就是「心靈」的滋養。一個人養成讀書的習慣，必能幫助養心。所謂「雄心壯志」、「忠肝義膽」、「存心仁厚」、「善德懿行」，必定都要靠讀書才得以養成。你能任性逍遙的讀書，「書中自有天下事」、「書中自能壯其志」，書中必能為你的人生加油打氣，是則何愁養心不成！

養生四法

各位讀者，大家吉祥！

現代的社會，各方面都在進步，此中有愈來愈多人注重養生，這也是社會的進步之一。

養生之道，有的人從運動中養生，有的人從信仰上養生，有的人從工作中養生，有的人從生活裡養生。現在只從飲食養生談起。

在飲食養生中，過去有人倡導肉食才有營養，但現

在醫學證明，肉食會帶來很多疾病。過去有人談到菜餚美味才有營養，其實粗茶淡飯更勝豐富的飲食。茲提供「養生四法」如下：

一、多菜少肉：現代人都懂得吃，也知道不宜食肉太多，因此素食風氣很盛。真正的養生之道，素食最好。你看，牛、馬、大象、駱駝，都是素食者，不但性格慈和，也有耐力。鳥類的

飛鴿，也是以五穀為食，但是鴿子一飛千里，其他肉食鳥類何能望其項背？所以素食的人生，養成自己溫和的性格，忍耐的力量，工作的勤勞，尤其少了許多殺業。

二、多淡少鹽：中國人有一句話說：「淡而無味」。其實真能懂得淡中之味，才能知道真味。飲食清淡，才是健康之道，因為吃得太鹹，容易口渴，需要喝大量的水來緩解，不但造成腎臟負擔，尤其吃了過量的食鹽，更是引發高血壓、血管硬化等疾病的重要原因。所以「多淡少鹽」，合乎養生之道。

三、多果少糖：現代人多數喜歡吃糖。不但飲料有糖，舉凡點心類的幾乎都是甜食，生活中，除了下午茶要配上點心，甚至飯後還要來些甜點。糖吃多了，容易發胖，甚至產生蛀牙，對身體有害無益，因此最好能以自然的瓜果代替對糖類食品的攝取，既能當飽，又能增加營養。

四、多嚼少食：現代人的生活忙碌，對於三餐飲食，有的人花太多時間在宴席應酬上，有的則是狼吞虎嚥爭取時間，兩者對於身體的健康都是很大的損耗。戰國時代的顏斶，「晚食以當肉，安步以當車」，意即慢慢的吃，什麼滋味都能吃得出來。細嚼慢嚥能幫助腸胃的消化，有益健康，不能不重視。

所謂「民以食為天」，吃對吾人的生存，關係重大。我們要吃得健康，不能吃出病來，最重要的是營養要均衡，三餐要定時定量，不能暴飲暴食。然而一般人每日三餐，大多有偏食，或是吃得太鹹、太辣等問題，卻是習以為常，久而久之，在不知不覺中因為飲食不當，往往影響身體的健康。所以上述關於飲食的「養生四法」，雖無深意，卻是良好的飲食習慣，不得不慎。

擔當

各位讀者，大家吉祥！

人自出生以後，就要學會擔當。童年要擔當帶給父母歡喜的責任，長大後要盡力擔當學業上的進步，進入社會要擔當對社會的貢獻。日常所行所為都要擔當，一個人如果不學會擔當，一生無所事事，只靠別人來養活自己，終生都會被人鄙視、唾棄。

人要擔當一些什麼呢？

一、擔當榮辱後果：人生好像挑著一付擔子，一面是成功的喜悅，一面是失敗的恥辱。我們當然希望一生只有順利的成功，不希望有痛苦的失敗，但是世間事就像天平，需要事蹟、重量來平衡。我們擔當的是成功的喜悅，要能分享大眾、他人；我們擔當的是失敗的痛苦，要自我檢討，不必怨天尤人。能擔當榮辱好壞的人，對前途事業自然會有力量改進。

二、擔當因果責任：我們的擔子，就是前生後世的因果。「天作孽猶可為，自作孽不可活」，因果報應時，斤兩的輕重絲毫不差。因中有果，果中有因，因果縱有時間先後，對每個人而言，

必定是公平、公正的。你在有所行為、有所造作的時候，就要想到自己能擔當這樣的擔子嗎？是好因好果，還是惡因惡果？一切都要自己負責。

三、擔當他人所託：我們一生當中，不但要能擔當自己的所行所為，有時也要擔當別人的託付。古人有所謂「託孤」，有所謂「託付後事」，只要是正派的行事，例如託付未了的心願，託付遺產的處理，我們接受他人的付託以後，就應該盡忠盡義，盡心盡力完成所託，這才不負道義人情，才是值得讚美的擔當。

四、擔當是非紛擾：吾人立身社會，在人事紛紜之中，難免會有一些是非擾攘。有的人不能擔當這些是非紛擾，往往給閒言打敗，給是非傷害。假如自己平常所行所做，都是浩然正氣，何懼於是非閒言呢？「路遙知馬力，日久見人心」，只要自己正派、正義，縱有一些惡意的是非紛擾，又何必掛懷呢？

五、**擔當意外傷害**：我們在人生的道路上，所謂「天有不測風雲，人有旦夕禍福」，榮耀當然能夠接受，意外的打擊也要有擔當的力量。「人無遠慮，必有近憂」，在人生的道路上，時時都要把憂患放在心上；你儲蓄了足夠的力量，就不怕意外發生。舉凡做人的義氣、善良、誠實、正直等，都是擔當憂患的良方。

六、**擔當大眾苦難**：宋朝大儒范仲淹說：「先天下之憂而憂，後天下之樂而樂」；《華嚴經》也說：「但願眾生得離苦，不為自己求安樂」。一個人除了要能解除自己生老病死的苦難，更要有心解除普世眾生的苦難；能擔當「人飢己飢，人溺己溺」的勇氣，則有擔當就有力量，有力量世間的問題自然都能迎刃而解。

激發智慧

各位讀者，大家吉祥！

每個人都有無限的潛能，也就是智慧。智慧要經開發，才能顯現。例如，讀書，書讀多了，自然聰明有智慧；又如參禪，悟道了當然能開智慧。艱難困苦的環境，為了生存努力奮鬥，也能激發智慧；凡事吃虧上當多了，也會變得聰明一些。所以，智慧也需要激發，茲舉四例如下：

一、老偷教小偷：一個當小偷的師父即將退休，徒弟要求師父傳授偷的祕訣

給他。師父說：「好！今天晚上就傳授給你！」到了夜深人靜時，師徒二人出門，找了一戶人家下手偷竊。進了室內，打開櫃子，師父叫徒弟先藏在櫃子裡，然後大叫：「有賊！有賊！」主人聽到後，馬上起床捉賊。老賊自己跑了，小賊被關在櫃子裡，心想這下怎麼辦呢？所謂「情急智生」，小偷靈機一動，就在櫃子裡學老鼠叫，嘰嘰喳喳……主人拿著燈找賊，聽到老鼠叫，以為是老鼠，也就鬆懈了。這時小賊趁機衝出去，主人一看，立刻隨後追趕，小賊情急，一看旁邊有口古井，隨手拿起一塊石頭丟入井中，主人追到井邊，說：「不得了，出人命了！」說完就離開。小賊就這樣安然回到家中。見到老偷就責問：「師父，你怎麼可以這樣捉弄我？」老偷問：「我怎麼捉弄你？」小偷說：「你把我關進櫃子，卻大叫有賊！」老偷就問：「那你是怎麼出來的？」小偷如此這般一說，老偷聽了很高興，說道：「你已經得到我的真傳了！」所謂「師父引進門，本領靠各人」，能夠激發逃生的本能，就是智慧。

二、擠牙膏：有一個牙膏製造工廠，因為產品滯銷，公司營業受挫，負責人召告員工，如果有人獻出智慧的妙計，能使公司的營業額增加，就可獲得十萬元獎賞。有一個員工只提供了一句：「牙膏出口，放大一倍」，當下就輕易的獲得了十萬元獎金，而公司的營業也從此增加何止百倍、千倍。由此可知，小小的智慧，就是大大的財富。

三、老頭子：讀過清史的人都知道，紀曉嵐是一個很有智巧的人，當他中進士後，受到乾隆皇帝的賞識，當上侍讀學士。有一天，皇上遲到，紀曉嵐就對另一侍讀學士說：「老頭子怎麼還不來？」誰知乾隆皇帝剛好聽到這句話，龍心不悅，問道：「誰在說話？老頭子三字如何解釋？」侍讀學士們嚇得趕緊俯伏於地，不敢出聲。紀曉嵐卻從容的脫帽，跪答：「臣認為萬壽無疆便是『老』，萬民之主是為『頭』，父天母地便是『子』。」乾隆皇聽到這樣無懈可擊的回答，不禁轉慍為喜，把手一揮說：「好了，開始讀書吧！」紀曉嵐一生陪伴皇帝讀書，遊山玩水，參與朝政，所以能不惹禍者，乃智慧所使然也。

四、兩則告示牌：有一個開放供人參觀的花園，許多美麗的珍奇花木經常被遊客偷摘。園主不得已就在園門上方，寫著一排告示：「如有檢舉偷盜花木者，獎賞一萬元。」好奇的遊客不禁問道：為何不按通常的習慣，寫成「凡偷盜花木者，罰款一萬元？」園主說：「要是那麼寫，就只能靠我的兩隻眼睛辛苦的到處巡邏，但現在可能有幾百雙眼睛，都在幫我看管園中的花木呢！」所以，智慧靈巧就在一句話之間。

上述略舉激發智慧四例，乃要吾人運用思想；凡事能否深思熟慮，智愚立判也。

遺產

各位讀者，大家吉祥！

中國人向來有傳遺產給子孫的觀念，子孫也都希望能獲得祖先留下的遺產庇蔭。善於利用遺產者，遺產能增加家族的榮光；不善於利用遺產者，遺產反而貽害子孫。所以現代人已漸漸懂得要留道德、留學問、留知識、留技能給子孫，不一定要留錢財給子孫。

自古以來，我們的歷代祖先，其實已經為我們留下許多珍貴的遺產，例如：道路的開拓、公園的建設、河川的防患、樹林的栽植，以及各種文學、哲學、科學等道理的傳承，只是我們沒有感覺到這些遺產的可貴，對先人都不知感恩回報，實在可惜。

現在談談究竟要送什麼遺產給子孫？有幾點看法略述如下：

一、養成兒女勤勞的習慣：「葡萄樹下的黃金」，這是大家耳熟能詳的故事。故事中，兒女把整座葡萄園的土地都給挖掘、翻遍，最後雖然沒有挖到黃金，但滿園的葡萄樹經過鬆土後，長得枝繁葉茂，果實纍纍，這就是留「勤勞」給子孫的最好遺產。

二、把好的觀念留給子孫：父母臨終前把兒女叫到床前，說：「爸爸（媽媽）沒有黃金財寶留給你們，但爸爸一生樂於助人，對人講信用、守道德、有愛心，你們要好好記著，這就是給你們的財富。」如果子孫能懂得這些財富，一生也是受用不盡。

三、教育兒女學習技能：所謂「一技在身，勝過萬貫家財」，我們雖然沒有萬貫家產可以留給子孫，但能夠栽培他，讓他受教育，甚至學習各種技能，例如現在的電機、電腦、專業科技等，都非常應時有用。

四、留個好名聲給子孫：所謂「積善之家，必有餘慶」，父母在鄉里有信譽，有道德，平時敦親睦鄰、樂善好施，把這些美德留給兒孫繼承、效法，才能永久庇蔭子孫。

五、把信仰傳承給子孫：佛教的信仰，是父母之教，能一代一代把父母之教傳給子孫，讓世世代代的子孫都成為佛教的兒女、佛教的護法，在佛法庇蔭下，講道德、信因果、修心養性，如此不但能興家旺族，必然也能有益於國家社會。

我們要留什麼遺產傳給子孫呢？有人認為房屋、存款、土地、股票最好。其實，這是兒女紛爭之源，不是最好的遺產。話說有一位富翁新居落成，大宴賓客時，他把建屋的瓦木泥工都請上座，讓自己的兒女

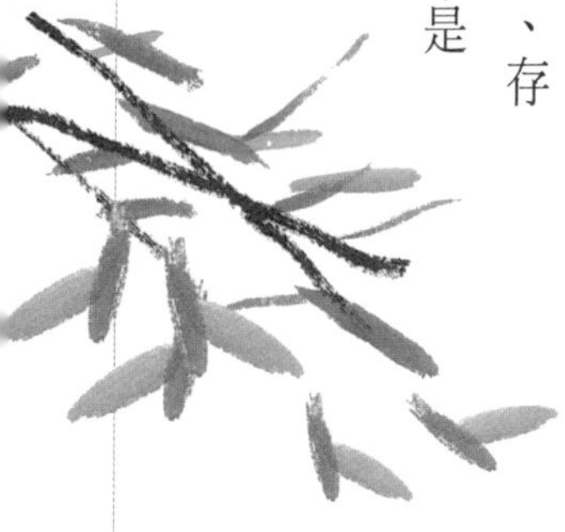

坐下座。有人覺得奇怪，就問富翁：你的兒孫才是主人，為何不讓他們坐上座，反而讓瓦木泥工坐上座呢？」富翁回答：「因為瓦木泥工都是今日為我建屋的人，兒女子孫則是他日賣我房屋之人也。」

我們應該留什麼遺產給子孫？上述的故事值得我們深思。

錦繡

各位讀者，大家吉祥！

人生就如一塊織錦，這塊織錦如果繡工精細、構圖典雅、色彩美麗，就會為人所喜愛，所以創造錦繡人生，應該是每一個人的希望。什麼是錦繡人生呢？

一、錦繡年華，是人生的開始：人生從嬰兒呱呱墜地，慢慢成長至稍懂人事的童年，這時開始讀書求學、結交朋友，之後求職創業，展開社交生活，一切無比順遂，覺得人生前途真是無限美好，這也正是人生最燦爛的錦繡年華。

二、錦繡前程，是人生的希望：在錦繡年華時，一方面享受青春洋溢的美好歲月，一方面編織自己的前途未來，感到人生充滿無限希望。錦繡前程的希望，一般人莫不嚮往組織一個幸福美滿的家庭，能夠娶個賢慧的妻子，生養兩個可愛的兒女，而且從政經商都能如願以償，憑著社會的人望、事業的順利，到處讓人羨慕，這是錦繡前程最美好的夢想。

三、錦繡河山，是人生的家園：人生也不能只是關心自己，還要關心社會、關心國家，尤其關心大地。現在舉世有不少環保人士，憂心人間的生態、地球的環境被破壞，所以積極投入環保工作，也呼籲世人重視環保。畢竟地球是人類共同的家園，唯有大家共同保護，一起創造錦繡河山，大家的生命才能有所依靠，所以錦繡山河不容糟蹋。

四、錦繡語文，是人生的表達：人生享受了錦繡的大自然，經驗了錦繡的社會面，感受了錦繡人生的愛與歡樂後，也會很自然的從內心散發出錦繡般的內涵與特質。因此，所說的是錦繡的語言、所寫的是錦繡的文章、所做的是錦繡的事情。每一個人都把自己的世界妝點成錦繡的人間淨土，在淨土裡任性逍遙的與大自然共舞，這是多麼愜意的人生。

五、錦繡人生，是人生的追求：「錦繡人生」是大家共同追求的目標，錦繡人生不是夢想，而是可以實現的事實。其實，我們在社會上，每日三餐所吃，有農夫耕種；身上所穿，有工人織布；要外出，有各種交通設施；要娛樂，有很多演藝人員表演。我們不就像是生活在天堂一樣，可以隨心所欲，如願所求，

這不就是錦繡人生嗎？因此，一個人如果不能感受到自己所過的是錦繡人生，那就太辜負人生的擁有了。

六、錦繡生命，是人生的未來：

我們的人生享受著「眾緣和諧」所成就的一切，不但締造了自己的「錦繡生命」，自己也要立功、立德、立言；如此善因善緣，必能招感未來善美的果報。所以，我們不必掛念未來能否進入天堂，只要懂得「隨緣消舊業，切莫造新殃」，現在的人生就已經在為我們創造未來的淨土了。我們以當前錦繡人生的因緣，尋找一個錦繡人生的未來世界，那不是很自然的事嗎？

應變能力

各位讀者，大家吉祥！

達爾文的「進化論」，說明「物競天擇，適者生存」，所以世間上許多動物為求生存，有的身具保護色，有的夜間視覺特別好，有的懂得斷尾求生，有的會釋放臭味，有的假裝死亡等等；即使是植物，也講究「借體共生」。當然，人類也要有應變的能力，才能生存。

人從出生到世間上來，居住的地方會有遷徙，寒暖的氣候也有許多變化，尤其職業的適應，人事的調和，再再都要講究各種應變能力。做人不能一點變化都沒有，讓人覺得你執著而不隨緣；中國人講究圓融的哲學，在不違反法律、道德之下，人人都應該懂得進退之道，要具有應變的能力。

人要具備那些應變能力呢？

一、憂患處理的能力：所謂「人無遠慮，必有近憂」，因此晴天不能不防備下雨，白天不能不知道黑暗到來。人要有處理憂患的能力，這是生存之要，例如平時的防火、戰時的防空，甚至出外旅行時用品的準備等，在在都要想到今晚、明日、以後怎麼辦？人能建立憂患意識，也有預防、處理的能力，則在人間何懼之有。

二、艱忍突困的能力：人生於世，就算是帝王，也有帝王的困難，富商也有富商的困難，沒有人敢說他的人生沒有困難。只是人不能被困難打倒，在困難中能夠脫困，這才是難能可貴。經濟陷入困境，不能坐困愁城，要能脫困致富；為情所困，要能知所進退，感情是雙方的，不是單方面的，何必困難、痛苦只為他一個？所以一個人要能想得開、放得下，能夠堅忍脫困，才不至於鑽死胡同而找不到出路。

三、緊急措施的能力：人遇到急病，要知道趕快送醫急診，或做各種急救措施；家中失火了、遭竊了，或有地震、颱風等災情發生，都要有緊急應變的措施。尤其一個團體，一個機構，負責人更要有緊急的應變能力。忽然停電，忽然斷水，不要說一個主管要

負起責任，要能有所措施，就是一個做總務的管理員，也要有相當的應變能力，才能化解災難。

四、臨場調度的能力：應變能力中，臨場調度也是一個重要的項目。經常可見一個活動開始了，邀請的主賓不到、參加的人數不夠；上課了，忽然發現沒有課本，乃至一些意想不到的意外發生，都要隨時做臨場的調度。過去軍事學家說，打勝仗容易，打敗仗時臨時調度，更是要有很大的本領。

五、化繁就簡的能力：應變能力中，重要的是不能忙中更忙，忙中錯亂，要能忙中有閒，要能「化繁為簡」。化繁就簡是節省時間、人力最佳的方法，做事懂得簡化，才能成為擔當的通才，所以也是人生應該具備的重要能力。

六、急難救援的能力：這個世界經常發生災難，都要靠第一時間給予救援；失去了第一時間，就失去了先機，沒有辦法發揮救援的功能。所以，人生旅途中，不管自救救人，具備急難救援的應變能力，實為重要。

應變能力就是一種機智，也是一種沉著的表現。以上所舉的應變能力，你都能具備嗎？

懷念的人

各位讀者，大家吉祥！

人，總有一些令我們懷念的人。世間上如果沒有人，個己如何生存？既然有人，就有與我們關係密切的人，乃至令我們懷念的人。在全世界的數十億人口當中，至少有六種人值得我們懷念：

一、親人：父母、兄弟、姊妹，都是我們的近親，關係也最密切，所以愈是近親，愈有關係。有的人雖是至親骨肉，卻因種種因素，彼此形同陌路；一個人到了親人都不親的時候，則個人也就沒有什麼因緣了。

二、情人：情人又稱愛人，本來是異姓，然而一旦結為姻親，成

為眷屬，有時候勝過親人。所謂那個少年不多情，那個年輕女孩沒有愛，情愛也是人性當中最能發揮純潔、正常之人我關係的因素。

三、友人：劉備說：「妻女如衣服，朋友如手足；手足斷，不可接，衣服破，可以補。」可見朋友對人的關係之重要。「竹林七賢」、「桃園三義」，友人因為志同道合，結成道義之交，因此一般結拜的兄弟，不能同年同月同日生，但願同年同月同日死，可見情誼之深。

四、恩人：報恩的人不但是富有的人，而且是有情義的人。不富有，不懂得報恩；唯有肯回報別人，才表示自己富有。當今日社會人情澆薄的時候，報恩是值得提倡的德目，所謂「滴水之恩，湧泉以報」，這才顯得出社會的可愛。

五、偉人：自古所有的偉人，都是對人民有貢獻，所謂「豐功偉績」，因此才讓人崇拜。中國歷代以來，黃帝成為民族團結的核心，神農氏教人民耕田播種，伏羲氏教人民鑽木取火，有巢氏教人民構木為巢，嫘祖教人民養蠶。另外有一些忠臣義士，如關雲長的忠肝義膽，岳武穆的愛國情操，文天祥的以死報國，史可法的視死如歸，黃花崗七十二烈士義無反顧的殉難精神等，所以偉人者，吾人把他們當成神明祭祀，更有人把他們當成典範效法。

六、善人：在吾人所懷念的人當中，善人可說是最難得的，因為他們與我們非親非故，並無一點關係，但是他們無私的行善，從事公益，他們以天下蒼生為念，懷抱「人飢己飢，人溺己溺」的精神，不為名利，到處修橋鋪路，救苦救難，因為他們對社會的貢獻，因此讓人懷念。

懷念的人，除了以上六種，當然值得吾人懷念欽佩的，諸如英雄俠士、農工模範，科學發明，乃至政治上也有許多雄才大略的英明領袖，如華盛頓、艾森豪、甘地、尼赫魯、孫中山等，不是一樣名留千古，一樣讓人懷念嗎？但是有的人如汪精衛「不能流芳千古，亦當遺臭萬年」，流芳百世與遺臭萬年的結果，其價值豈能相提並論？其實，我們所懷念的親人、情人、友人，乃至恩人、偉人等，基本上都還是基於情義，所以「孔曰成仁，孟曰取義」，假如一個人沒有仁義，就算立足在天地之間，又有誰會懷念他呢？

觀念

各位讀者，大家吉祥！

世界上的好好壞壞，錯綜複雜，問題很多，最大的問題恐怕就是「觀念」了。在世界上，有的人成功，輝煌騰達；有的人失敗，窮途潦倒；有的人能對人類有所貢獻；有的人對人類造成威脅。此中最大的關鍵，應該就在於人對世界有不同的觀念吧！

「觀念」者，就是「心」的作用。所謂「佛說一切法，為治一切心；若無一切心，何用一切法？」觀念影響人生的態度，觀念其實是可以改變的，如佛經的

「哭婆變笑婆」，本來是一個每天愛哭的老太婆，但觀念一改，就變成每天歡喜的老太婆。可見世間上的喜怒得失，貧富窮通，都是觀念中的分別而已。操縱我們人生苦樂禍福的，不是別人，就是我們的觀念。

怎樣處理我們的觀念、駕馭我們的觀念？茲提供幾點意見：

一、往好處想：人有個陋習，凡事不肯往好處想，總喜歡往壞處思惟，本來是一件喜樂的事，經過他思惟的妄想製造，變成愁雲慘霧的情況。往好處想，雖然有時也不盡然，事實往往出乎意料之外，但即便如此，我們防人之心不可無，但害人之心不可有。

二、製造歡樂：我們的心，是我們的工廠，我的工廠要出產一些什麼產品呢？你要出產煩惱、痛苦、憂悲、苦惱、貪瞋、愚癡，別人也愛莫能助，只是你為何不出產一些適用的產品呢？例如，可以製造歡樂、幸福、與人為善、為世間服務等，甚至把全人類都看成是如兄如弟的家人一般，大家相互尊重。能夠出產和諧的社會，出產慈悲的世界，出產和平的人間，出產歡樂的人生，這就是好的工廠！

三、老二哲學：人常因為自私，什麼事都想自己獨佔，一切都是我要，都以「我有」為重。對人間不肯謙虛低頭，總想做老大；做老大的辛苦，是必然要付出慘重代價的。如果你有謙卑的心理，不做老大，歡喜做老二，其實老二也沒有比老大少一個眼睛，或是少一個鼻子，一樣共有人間的資源，一樣享有人間的因緣，反而不必擔當老大的責任。所以，如果人人有老二的心理，人人有老二的謙虛，人人都甘願做老大的支援；觀念一改，世間上的富樂、痛苦，就會有不一樣的結果了。

四、人先我後：一般人的觀念裡，總是「自己第一、自己最好、自己最大」，因此有煩惱、痛苦；如果換成「你大我小、你對我錯、你有我無、你樂我苦」，能有這樣的逆向思想，就是觀念改變，則對苦樂價值就會有不一樣的看法。

五、想當然爾：在吾人的生涯裡，得失禍福，不要有怨天尤人的觀念，凡事「想當然爾」，一切逆來順受。當別人對我好，我要心存感恩；別人不喜歡我，對我不好，要「想當然爾」，因為我沒有對他好，他當然不可能對我好。如此一想，進而主動的對人好，必能改善相互的關係，人我之間就會更和諧。

總之，人生的一切，都受觀念左右，觀念對人一生的苦樂、成敗，有很大的關係。所以，我們要建立好的觀念，自然會有好的人生。

用容顏表達歡喜，用雙肩擔當責任，
用微笑美化人生，用胸懷包容一切。

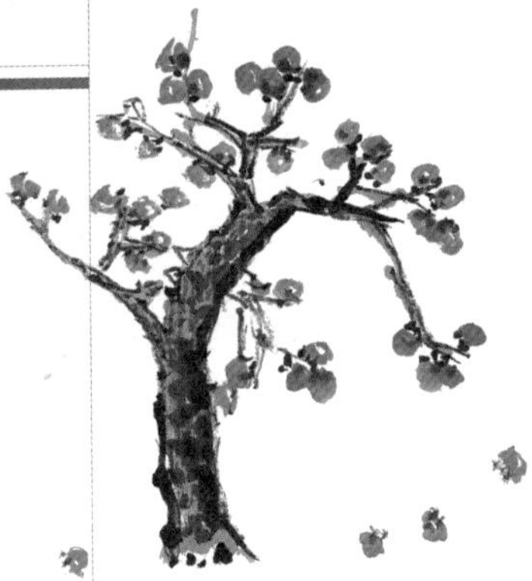

愛語如春風，好言如冬陽，
真心如光明，慚愧如瓔珞。

我看花，花自繽紛，我見樹，樹自婆娑；
我覽境，境自去來，我觀心，心自如如。

國家圖書館出版品預行編目資料

生命的擁有／星雲大師著. --初版. --臺北市：
香海文化, 2009.03　面；　公分. --（人間萬事. 11, 生命觀）
ISBN　978-986-6458-10-1（精裝）
1.佛教說法
225　　98000492

人間佛教叢書
人間萬事⑪生命觀

生命的擁有

作　　者／星雲大師
發 行 人／慈容法師（吳素真）
主　　編／蔡孟樺
繪　　者／小魚
資料提供／佛光山法堂書記室
責任編輯／高雲換
美術編輯／蔡宜珊（特約）
書盒設計／蔣梅馨
封面設計／陳柏蓉（特約）
校　　對／周翠玉・張澄子・王素昭・陳蕙蘭・陳麗卿

出版・發行／香海文化事業有限公司
地址／24150台北縣三重市三和路三段117號6樓
　　　11087台北市信義區松隆路327號9樓
電話／(02)2971-6868
傳真／(02)2971-6577
郵撥帳號／19110467 香海文化事業有限公司
http://www.gandha.com.tw
e-mail:gandha@ms34.hinet.net

總經銷／時報文化出版企業股份有限公司
地址／235 台北縣中和市連城路134巷16號
電話／(02)2306-6842
法律顧問／舒建中、毛英富
登記證／局版北市業字第1107號
ISBN／978-986-6458-00-2
十二冊套書／原價3600元　典藏價2500元
　　單本／定價 300元　典藏價 199元
2009年3月初版一、二刷 2009年8月三刷 2009年12月四刷
2013年5月初版五刷

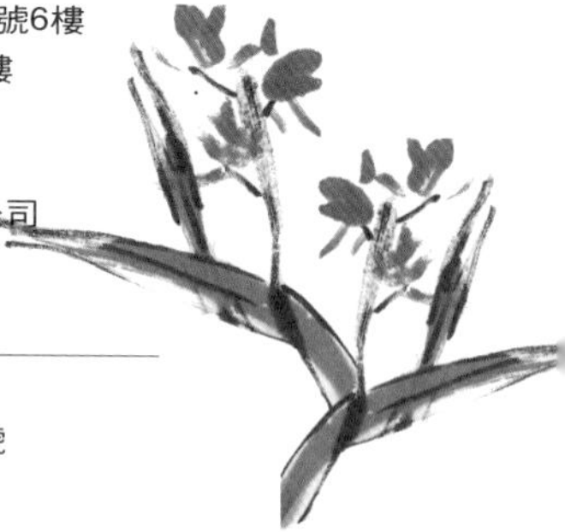